アーティフィシャル＆ドライフラワーで作る

ハンドメイドの花飾り

JN024356

古川さやか（VERT DE GRIS）

誠文堂新光社

はじめに

この本では、アーティフィシャルフラワーを中心に、生花とは異なる花材を用いた
さまざまな作品と作り方を紹介しています。
私は生花をきっかけに花の世界に入り、アーティフィシャルフラワー、
プリザーブドフラワーの魅力を知りましたが、生花にはない花の色があること、長く楽しめること、
雑貨とのコラボレーションにより多様なアイテムが作れること、
そのような点から、デザインする楽しさ、作る楽しさに夢中になりました。
それらにドライフラワーを加えると自然なテイストが増すため、その３種の素材を使って、
今も日々新しいデザインを考え、作ることを楽しんでいます。

壁に飾ったり、アクセサリーとして身につけたり、インテリア雑貨などと合わせたりと
楽しみ方は無限大です。お気に入りのテイストの作品をお家の壁やインテリアにひとつずつ増やし、
時間をかけて空間をコーディネートしていくのも楽しみ方のひとつだと思っています。

ぜひ、この本で作り方などを覚え、サイズ違いや色違いなど、自分で自由にアレンジしてください。
こたえはひとつではないので、自分が大好きだと思える、
世界でひとつの作品を生み出してくれたらうれしいです。

ヴェール　デ　グリ
VERT DE GRIS　古川さやか

CONTENTS

本書の作品を作るための素材

アーティフィシャルフラワー

別名「アートフラワー」ともいわれる、いわゆる造花のこと。主にプラスチックや布で花や葉、茎ができている。茎の芯には金属が使用されていることが多く、曲げて固定することも可能。ここ10年で本物の花や植物と見違えるほど精度が高まり、種類も増えている。また、くすみカラーといった自然界にはない色や大きさなどもあり、用途に合わせて選ぶことができる。プリザーブドやドライと比べると耐久性があり、力を入れて触っても壊れない。そのためVERT DE GRISでは、インテリアに使う作品やアクセサリーはアーティフィシャルをメインに制作している。花だけでなく、ベリー系などの果実や木の実もアーティフィシャルを多用している。

プリザーブドフラワー

生花の組織を壊さずに水分を抜き、特殊な液に浸けて保湿と染色をしているもの。
「プリザーブド」とは保存という意味。20年ほど前から欧州や南米で作られ、日本
にも定着。生花と比較すると、花のボリュームが小さく繊細で、ドライフラワーほ
ど乾燥していない。花の種類も多いが、VERT DE GRISでは、特に色や種類が豊富
なバラやアジサイ、繊細な表現ができるカスミソウなどをよく使う。色も白や淡い色、
くすみカラーなど幅広い。花首で流通するのが一般的で、花と茎は同じ色。直射日光
を避ければ2年くらいは日持ちするが、衝撃などには弱いので作品の内側に使用する
のがおすすめ。

ドライフラワー

生花を乾燥させたもの。プリザーブドより茎が長く葉もついている。プリザーブドのように花、茎、葉が同じ色で染色された「カラードライ」もある。ソラという植物の皮を乾燥させて作るソーラーフラワーなどもドライフラワーとして扱っている。実ものは種類が豊富で、日持ちもいい。花や葉はプリザーブド同様に繊細なので、作品の内側に使用する。VERT DE GRISでは、ショップで乾燥させたものの他に、市販されているものも使用している。

マテリアル

作品作りでは、花材以外に異なる質感のものを使用すると表情が複雑になり、表現の幅も広がる。ここではよく使うアイテムを簡単に紹介。Aのリボン類は素材、色、幅で使い分けているアイテム。切ったり、巻いたり、結んだり、ピックにしたりと用途は豊富。特にレースやチュールリボンは高級感がアップする。

花材に近い役割をするのがBのピック類。こちらも、レースやポリエステル、パールビーズ、クリスタルなどさまざま。花や葉の形をしたピックはアーティフィシャル同様に、きらめく輝きなどを入れたいときはクリスタルやパールのピックなどを使うと効果的。Cのチェーンパールのような、ビーズ類が連なっているものは、垂らしたり、貼りつけたりと活用できる。Dのフローラルフォームのカラータイプは、スイーツシリーズでは必須。ホワイト、ブラウン系などをベースにすることで、フォームを隠さずにそのまま見せることができる。

本書で使用する道具と使い方

a~c ワイヤー類

a ワイヤー（ホワイト）、b ワイヤー（ブラウン）、c ワイヤー（グリーン）。ワイヤーに色テープを巻いてある地巻きといわれるタイプを中心に使用。色は使うシーンで目立たないものを選ぶ。ワイヤーの太さは数字が大きくなるほど細くなる。この本では主に#26や#28を使用する。

d ピンセット

小さな素材を掴んだり、配置したりするのに便利。

e 竹串

小さな素材を配置したり、狭い場所に素材を押し込んだりするのに使用する。

f ワイヤーカッター

通常のハサミでは刃こぼれしてしまうワイヤーをカットするためのハサミ。メーカーにより形が異なる。アーティフィシャルのワイヤー入りの茎をカットするときにも使用する。

g クラフトハサミ

クラフト用のハサミ。生花を切る花バサミと兼用しない。使いやすいハサミを選ぶことが大事。

h コールドグルー

生花やクラフト向けの防水性の接着剤。無色透明で粘着性が高い。ミニチューブが作品ごとに使えるので便利。本書では、花材を土台に接着するときに多用している。粒子が細かいため、強度は高い。ホットボンドよりも硬化に時間がかかるが、挿し直しもできる。

i ホットボンド（グルーガン）

グルーガンと呼ばれる機械に、ホットスティックという接着剤を挿し込み、熱で溶かして使用するもの。硬化が早いので、接着したい面につけたら、すぐに素材を貼る必要がある。やり直しはしづらいが、早く完成させたい場合はこちらの使用がおすすめ。プラスチックボンドなので、硬化した後、剥がれやすいという特徴もある。

＊本書では花材を固定するときには、コールドグルーもしくはホットボンドを利用しています。作り方の部分にその工程を省略しているところがありますが、フォームや土台に挿すときは、必ず接着剤をつけてください。

CHAPTER 1

壁を彩る花飾り

インテリアとして部屋やドアに飾るリースは日々の暮らしに取り入れやすいもの。季節によって使う花材を変えたり、贈る相手が好きな色で作ったり。ベーシックなリースやクリスマスを彩るものまで紹介します。

アンティークピンクのリース

VERT DE GRISのショップでも一番人気の色が
アンティークピンク。季節を問わず飾れる色で、
ギフトにもおすすめのリース。
アーティフィシャルを中心にプリザーブド、
ドライを合わせた基本のリースです。

(Flower&Green)

(Material)

- ●アーティフィシャル／a アジサイ（モーブグリーン）b アジサイ（モーブ）c ア ジサイ（アイボリー）d マム（オリジナル・ブラン）e マム（オリジナル・ロー ズ）f スモークブッシュ j バラ k　ユーカリ l エリンジウム m バラ n ニ ゲラ o ローズヒップ p ミックスリーフ q レースリーフ
- ●プリザーブドフラワー／u アジサイ（シャンパン）v アジサイ（オレガノピン ク）w バラ（ミスティローズ）x バラ（ピンクベージュ）
- ●ドライ／g ジュートファイバー（オフホワイト）h ラグラス（ナチュラルピン ク）i テールリード（ピンクベージュ）r スターチス（ピンクアッシュ）s ソー ラーローズ（ミスティローズ）t アナハリス

#24ワイヤー（グリーン）、リースベー ス（Φ15cm）、コールドグルー、ホッ トボンド（グルーガン）

(How to make)

1 リースのフックを作るため、ワ イヤーをリースベースの上部に 通し、指2本分が入る輪を作る。

2 1の輪をしっかりとねじってカ ットし、ねじった部分をリース ベースの表面にする。

3 2のワイヤーの端ををリースベ ースの表面の蔓のなかに差し込 む。

4 リースベースの裏面で輪を写真 のように一度ねじり留める。

5 4の輪を上向きにすることで、 リースを壁にかけたときに美し く見えるフックになる。

6 リースベースの下側に10cm程度 の範囲でコールドグルーをつけ る。

7 6の部分に手で薄く広げたジュートファイバー（g）をつけていく。

8 リースベースの上側も6と同様にグルーでジュートファイバーをつける。

9 残りの部分にも6と同様にジュートファイバーをつける。

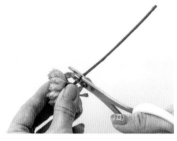

10 マムは2色（d,e）とも茎を少し残した状態でカットする。

11 マムの茎にグルーをつけて、リースベースの両端にそれぞれ挿す。

12 プリザーブドのバラ（w）は、花の下の膨らんでいる部分の下でカットする。

13 バラのカットした部分にホットボンドをつけ、マムにもたれかかるようにし、ジュートファイバーの上にのせる。中央にやや倒れるような角度にする。

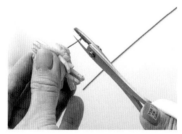

14 ソーラーローズ（s）はワイヤーを1cm程度残してカットする。残りのプリザーブドのバラ（x）は、12と同様の位置でカットする。

15 先に配置した2輪のバラから、三角形の頂点になる位置に14の2種を配置する。ソーラーローズはワイヤーを挿し込み、バラは13と同様にホットボンドをつけて中央に倒れるように配置。

16 アーティフィシャルのバラ（m）2本は茎を短くカットしてから、配置するときの高さを抑えるため、写真のように膨らんでいるパーツを外す。

17 グルーを16の根元につけ（今後、すべての工程で同様）、1輪はプリザーブドのバラとマムの間に挿し、もう1輪は同じ並びのピンクのプリザーブドフラワーの隣に挿す。

18 ニゲラ（n）とエリンジウム（l）を首元から2cmくらいでカットする。

（15）

19 平面的なニゲラは17のアーティフィシャルのバラの隣に高さを出して挿し、エリンジウムはソーラーローズとマムの間に挿す。

20 プリザーブドのアジサイ（u,v）を切り分けて茎を長めにカットする。

21 20の茎の切り口をまとめて、グルーをつける。茎が短くてまとめにくい場合は、ワイヤリング（#28）してもいい（p.18参照）。

22 21をニゲラとプリザーブドフラワーの間に挿す。

23 テールリード（i）は半分にカットし、先端の部分をニゲラの下に挿し入れる。

24 23のテールリードと三角形になるように、プリザーブドのアジサイを2ヵ所入れる。

25 ラグラス3本（h）は茎を1cm程度残してカットし、1本はアジサイとエリンジウムの間にリースベースから生えてきたかのように先端を上向きに配置する。

26 残り2本のラグラスは、25と三角形になるように同様に挿す。

27 アーティフィシャルのアジサイ3房を小さな花ごとにカットする。

28 カットした状態のアジサイ。このアジサイは側面に挿すので、やわらかな質感のものが向いている。

29 アーティシャルのバラの下に、27を配しリースベースの蔓に挿し込んでいく。

30 形を整えるために、リースを回しながら、29と同様に27を挿し込んでいく。アジサイの配色も考える。

31 リースの外周にアジサイを挿し終わったところ。壁にあたる側面にアーティフィシャルを入れることで壊れにくくなる。

32 スモークブッシュ（f）を写真のように細かく切り分ける。

33 32を2、3cmの長さで半円状に近い形になるようにグルーで貼りつける。

34 プリザーブドのバラの下やマムの下など、葉が見える位置に33を配置し、複雑な表情を出す。

35 ミックスリーフ（p）を写真のように3枚の葉でカットする。

36 ブラウンのレースリーフ（q）も同様に細かくカットする。

37 ユーカリ（k）も葉を1枚ずつカットする。

38 リースのフックを上向きにして斜めに立てかけ、全体を見下ろしながら、ミックスリーフ、レースリーフ、ユーカリを花の間や前後に、花を活かすような場所を見つけて挿す。

39 ハイライトの役割になるローズヒップ（o）を小枝で切り分ける。

（17）

40 39を2ヵ所にリースの内側に挿す。高さは他の花と同じ程度で。

41 ドライのスターチス（r）とアナハリス（t）を小分けにカットする。スターチスは繊細なので人が手を触れないリースの中心部にランダムに配置する。アナハリスはリースの内側の輪が丸くなるように全体を見ながら入れる。

42 ジュートファイバー（g）が残っていたら、竹串などで内側や外側などに足すと、やわらかな雰囲気に仕上がる。その場合、1ヵ所だけ入れるとバランスが悪いので、3ヵ所程度入れる。残量が少ないなら足さなくていい。

43 ジュートファイバーがはみ出してたら、ハサミでカットして整える。

44 ワイヤーで作ったフックを指でしっかり上に向ける。

45 リースを横から見て、フックを写真のような角度にしたら完成。

Point 1

プリザーブドを配置するときは、力を入れると壊れてしまうので注意。隣にアーティフィシャルなどを置くことで、アーティフィシャルを押さえながら挿すことができ、プリザーブドの支えにもなる。

Point 2

リースは立体感が出るように仕上げることが大切。使用する花材の形や高さを意識し、花首からの長さや配置する場所を考えていく。

Point 3

リースを飾るとき手で触れる外側や上部には、プリザーブドやドライなど壊れやすい素材は使用しないこと。挿す場所だけでなく周囲をアーティフィシャルで支えるなど配置を考える。壁に掛けるリースは、壁と密着する部分（外周やリースベースの下側）は色移りの心配がないアーティフィシャルを使用する。

ワイヤリングの仕方

1 #28ワイヤーを1/3にカットし、その半分の位置にハサミの閉じた刃先などをあててU字に曲げ、アジサイの根元に置く。

2 ワイヤーの片方の足を写真のように曲げる。

3 もう1本のワイヤーの足はアジサイの根元に沿うようにし、2で曲げたワイヤーでアジサイの根元とともにくるくると巻き、短くカットする。

ライラックとアジサイのアンティークリース

梅雨の時期に群生している様子を思い起こすような
寒色系の色合いのアジサイを使った丸いリース。
リースでは脇役になりやすいアジサイを、
密に集合させてアジサイらしさを表現します。
ライラック以外は高さを抑え、
立体的に入れないところがポイントです。

ライラックとアジサイのアンティークリース

(Flower&Green)

- ●アーティフィシャル／a ライラック（ホワイト）b ランタナ c ティナスベリー d スカビオサ e ブラックベリー f ユーカリの実 g アジサイ（パープルグリーン・八重咲き）h アジサイ（パープル・八重咲き）i アジサイ（モーブグリーン）j アジサイ（パープルグリーン）k アジサイ（ダークブルー）l アジサイ（アクアグリーン）
- ●プリザーブド／o アジサイ（ブルーグリーン）p アジサイ（シャーベットブルー）q アジサイ（ミストグリーン）r アジサイ（パープルホワイト）s アジサイ（ブルーライム）
- ●ドライ／m ジュートファイバー（ライトブルー）n フーセンポピー

(Material)

リースベース、#24ワイヤー、コールドグルー

(How to make)

1 リースベースにp.13の方法で
フックを作る。リース自体は動
かさずに作業をする。ライラッ
ク（a）を上に伸びるように立
体的に3ヵ所に分けて挿す。こ
れでリース全体の流れや雰囲気
が決まる。

2 アーティフィシャルのアジサイ
（g～l）は茎を残してガク3
枚くらいの小分けにしてカット。
グルーをつけて挿し込むように
接着する。リース上で絵の具を
混ぜるように配置する。

3 アーティフィシャルのアジサイ
で正面を埋めた状態。全部は使
わず残りは側面に使う。部分的
にボリュームが増えてしまった
り、同じ色が重ならないように
注意する。

4 1で挿した3ヵ所のライラック
の間に高さを抑えてb～dのつ
ぼみ、小花、小さめの実ものを
挿していく。リースの幅が一定
となるように気をつける。

5 フーセンポピー（n）はさまざ
まな方向に向けて全体に散らす
ように挿していく。ヒゲは取っ
てしまっても問題ない。

6 2で加えたアーティフィシャル
のアジサイと同じくらいの大き
さでプリザーブドのアジサイ
（o～s）をワイヤリングする
（p.18参照）。ライラックの近
くの目線が集まるところに挿し
ていく。

（21）

7 リースの外側より内側のほうが
目立つのでプリザーブドのアジ
サイは内側に重点的に入れる。

8 大きめの実もの（e,f）をアク
セントとして挿す。ユーカリの
実（f）は細かく切り分けてま
とめてポイントに使う。ブラッ
クベリー（e）はライラックの
近くに入れて白さを際立たせる。

9 ここからは、リースを回しなが
ら外側にアーティフィシャルの
アジサイを挿していく。八重咲
きの大きめのものは1枚で挿す。
最後は形を整えるため1枚ずつ
外側、内側に加えて、ジュート
ファイバー（m）でベースを隠
して、完成。

初めての人におすすめ

アネモネのハーフリース

アネモネ、ラナンキュラスといった春の人気花材を
ポイントに使い、スモーキーグレーの
ラムズイヤーを入れてやさしい雰囲気にまとめました。
透明感のあるブルーの色合いは早春の空気感にぴったり！

(Flower&Green)

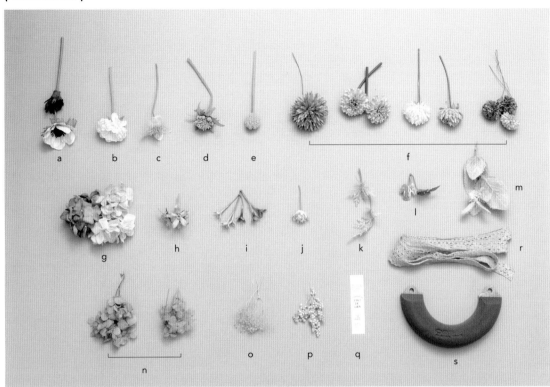

● アーティフィシャル／a アネモネ　b ラナンキュラス　c ニゲラ　d スカビオサ
　e クラスペディア　f マム6種（ライトブルー2種、ホワイト、オリジナル・ブ
　ラン、オリジナル・ヴェール、ブルー）g アジサイ3種（ライトブルー2種、グ
　レイブルー）h ブルースター　i ブバリア　j アストランチア　k アルテミシア
　l アイビー　m ラムズイヤー
● プリザーブド／n アジサイ2種（ミストブルー、クリアグリーン）o カスミソウ
　（ラベンダー）
● ドライ／p インディアンコーン（ペパーミント）

(Material)

q タグ（好みのもの）r リボン（幅20mm）50cm　s フローラルフォーム（ハーフリン
グ）w24×h15cm
#26ワイヤー（グリーン）、コールドグルー

(How to make)

1 フォーム（s）にリボン（r）を取り付ける。リボンは長く取ると傾きの原因になるので短めにする。ここでは30㎝。フォームの両端を斜めにカットしておく。

2 大小のマム（f）の茎を90度に曲げて挿し、土台を作っていく。高さは抑え、色がバランスよく散らばるように挿していく。

3 アネモネ（a）、ラナンキュラス（b）を立体的に加える。壁にかけたときに顔が少し上を向くように挿す。

(24)

4 横から見た様子。アーティフィシャルの茎を90度に曲げて挿すことで、花の顔を正面・斜め上に向ける。

5 ラムズイヤー（m）で作品の輪郭をとっていく。葉を丸めたり、花芽の部分も使い、ひとかたまりにならないようにバランスよく挿す。

6 繊細なプリザーブドのアジサイ2種（n）は側面ではなく、目に留まる正面を向くように加える。

7 大体の花材を入れ終えた状態。花材の顔はすべて少し上を向けるように意識する。目立たせたいブルースター（h）は飛び出すように加えている。

8 側面はきれいなカーブを描くようにアーティフィシャルのアジサイ3種（g）でカバー。壁にかけたときに上となる部分もアジサイ1枚1枚を細かく形がくずれないように挿していく。

9 残りの20㎝のリボンを二重にしてワイヤリングし（p.18参照）、壁にかけたときに垂れ下がるように、フォームの右端に挿す。タグ（q）もワイヤリングしてフォームに挿して、完成。

秋からクリスマスまで楽しめる2wayリース

クリスマスの定番といえるリースですが、最近はクリスマス以外の時期にも楽しむ人が増えています。
そこでクリスマスが近づいたら花材をプラスすることで、秋から冬にかけて楽しめる2wayのリースを提案。
イエローがメインのリースは、秋にはハロウィンもあってぴったり。
クリスマスにイエローのイメージはないけれど、温かみが残る色あせたトーンにすることと、
冬のイメージの花材を追加することで違和感なく飾ることができます。

秋のレトロイエローリース

秋のレトロイエローリース

(Flower&Green)

● アーティフィシャル／a ブランカカリステモン　d グラミネピック2種　f アスパラガス　g フォイルベリースプレー　h バラ　j ベリーリーフスプレー　k ジャスミンリーフ
● ドライ／ジュートファイバー

(Material)

b カーリーバイン　c 半球のフローラルフォーム　e オーナメント　i リボン2種
（オーナメントを吊るす用、ワイヤーが入った飾り用）
#24ワイヤー、#26ワイヤー（ブラウン）

(How to make)

1 カーリーバイン（b）をドロップ型に丸めて#26ワイヤーで十文字に何重にも巻きしっかりと固定する。ブランカカリステモン（a）はベースの形に合わせて曲げ、ワイヤーで上下を留める。今回は左側に重心を置いたデザインにする。

2 フォーム（c）の両端にある穴に#26ワイヤーを通し、リースの上部に固定して花材の重みで傾かないようにする。#24ワイヤーで壁かけ用のフックを作る（p.13参照）。

3 オーナメントにリボンを通してワイヤリングし（p.18参照）、フォームに挿す。壁にかけたときに高さに違いが出るように調整する。

4　実を目立たせ、枝の流れも見え
るように実や葉を挿す。まず作
るのは秋のリースだが、花材を
加えてクリスマスのリースにす
るので、秋でもクリスマスでも
なじむような白を選んでいる。

5　壁にかけるところを意識して立
体感が出るよう、何重にもレイ
ヤーになるように実や葉を挿し
ていく。

6　アスパラガス（f）を丸めてワ
イヤリングして（p.18参照）リ
ースの前面に挿すと、手前に飛
び出るような立体感が加わる。

7　メインのバラ（h）を挿す。フ
ォームに挿す花は高さをあまり
つけず、フォームに沿うイメー
ジで挿していく。

8　右側にリボンを挿していく。一
周クルッと巻いてから、ひだを
寄せてワイヤリングしたものを
数個作っておく。

9　リボンはベースのような扱いな
ので先に挿してから重心となる
左側の葉物を加えていく。

〔27〕

10　8のように丸めたもののほかに、
長めにカットし切りっぱなしの
部分を丸めて、ワイヤーを活か
して動きをつけたパーツも作っ
て加える。

11　動きが出るリースの左側に挿すアスパラガスやグラ
ミネなどの葉物は、リボンのバランスを見て挿して
いく。今回使っているのはドライフラワーを模した
アーティフィシャル。ブラウン、カーキ系の色とイ
エローは合わせやすい。こげ茶ではなく淡い色合い
にしているのは、あとで加えるクリスマス用に雪化
粧した花材を合わせるため。隙間にはジュートファ
イバーを入れ込んで、秋のリースが完成。

クリスマスのレトロイエローリース

クリスマスのレトロイエローリース

(Flower&Green)

追加する花材
● アーティフィシャル／a スノーウ
　ィーシダーピック　b リースピック
　c ポインセチア　d ジュニパー
ゴールドの実もの

(Material)

#26ワイヤー（グリーン）、コールド
グルー

(How to make)

1 秋のリースに、リボンやオーナ
メントにもゴールドが入ってい
るので、ラメがついた花材はゴ
ールドで統一して加える。特に
クリーム色のポインセチアとゴ
ールドの色合いは似ているので、
しっくりくる。

2 ポインセチア（c）は目立たせ
たいのでバラの近くに少し高さ
をつけて入れる。

3 クリスマス時期が過ぎたら、ラ
メがついた花材や雪化粧した
グリーンは外して飾ることができ
る。そのため先にイエロー系の
花材を入れてから雪化粧したグ
リーンを入れる。

4 最後にゴールドの実ものを入れて完成。実の部分は
ゴールドでも枝の部分にグリーンや白の色が見えて
いて全体の色をつなぐ役割にもなっている。

● 色の調合

色は作品作りに大切な要素で、VERT DE GRISが大事にしているものです。
1つの花材の色だけでなく、他の色の花材と組み合わせて、新たな色を生み出すこと、
これを調合といい、レッスンも行っています。どんな作品も、第一印象は色合いで決まります。
色を調合するときのポイントは、作りたいテーマ（作る作品やイメージ）を明確にし、
メインとなる色と3つのキーワードを考えることです。
キーワードは、かわいい、優しい、元気な、上品な、などの形容詞で考えていきます。
ギフトの場合は贈る相手の好みや用途を加えてもいいでしょう。
色がピンクで、キーワードが「優しい」「アンティーク」「かわいい」だったら、まず優しさを演出するために
淡いピンクをチョイス。次にアンティーク感を出すためにピンクをくすませて、最後にかわいらしさを出すために、
ホワイトやくすみカラーのライトグリーンなどを足していくのです。
作りたいテーマや贈る相手のストライクゾーンに向かっていくイメージで、
さまざまな花材を組み合わせて色を調合していきます。
皆さんが作りたい色を調合できるように、次ページからはさまざまな見本を紹介します。

VERT DE GRISではアンティークカラーが好きなお客様が多いので、オリジナルカラーでアーティフィシャルのマムを制作。上段左から時計回りで、ローズ、ブラン、ヴェール、ブル。くすみ感のあるアンティークカラーは、作品を優しく、落ち着いた雰囲気にする。

PINK

女性らしい色でギフトでも一番人気のあるピンク。生花でもアーティフィシャルフラワーでも
花材の種類が多く、さまざまな組み合わせが楽しめる色。

アンティークピンク

くすんだ落ち着いた色合いのピンクの調合。優しさと
大人っぽさが加わり、ピンク本来のかわいらしさと相
まって大人かわいいイメージになる。グレーやベージ
ュと合わせるのもおすすめ。

スプリングピンク

淡く優しいイメージのピンクの組み合わせは、かわい
らしさと柔らかさ、女性らしさをアップさせる組み合
わせ。ライトイエローと組み合わせることにより、春
らしい軽やかな調合に。

フレッシュピンク

色鮮やかなピンクの調合は、ピンク本来のかわいらし
さをさらに引き上げ、キュートなイメージとなる。鮮
やかなフレッシュピンクは、華やかで元気なイメージ
も加わり、グリーンとの組み合わせによっては春らし
さ、夏らしさなど、季節に合わせた調合にもできる。

ストロングピンク

レッドに近い鮮やかなピンクの組み合わせは、かわい
さよりも、大人っぽい艶やかな調合となる。さらにグ
リーンと合わせることにより、ピンクがより引き立ち、
エネルギッシュでトロピカルな組み合わせになる。

WHITE & GREEN

ホワイトグリーンは、どんなインテリアにも合いやすく、好き嫌いがあまりない色合わせ。
プレゼントする相手の好みがわからない場合などに選ぶのもおすすめ。

アンティークホワイトグリーン

時が経ったような色合いのホワイトグリーンは、ホワイトをベージュアイボリー系にくすませてグリーンのトーンを下げるのがポイント。グレイッシュな雰囲気。

スプリングホワイトグリーン

ホワイトもグリーンもイエローを強くし、トーンをあげていくと、ホワイトはクリーム、グリーンは黄緑系となり、優しく春らしい印象になる。

フレッシュホワイトグリーン

彩度の高いホワイトとグリーンを合わせるとコントラストがはっきりし、とてもみずみずしい組み合わせになる。明るく元気な調合。

クラシカルホワイトグリーン

渋さのあるダークグリーンやブラウンの色みを増やし、ホワイトは彩度を高くすると、クラシカルな雰囲気になる。高級感も感じられる。

PURPLE

パープルの色幅は広く、パープルと聞いてそれぞれの人が思い描く色も多様。
赤紫はエレガントさ、大人っぽさ、妖艶さを感じさせ、青紫は静寂で穏やかで大人しい印象になる。
表現したいイメージを明確にし、調合していくことが大事。

アンティークパープル

グレイッシュなパープルの組み合わせは、女性らしく大人っぽい雰囲気。落ち着いた色のパープルは、ピンクとも相性がよく、組み合わせるとよりフェミニンな印象になる。

エレガントパープル

淡く優しい色のパープルの組み合わせは、上品、かつ癒される調合。ピンクに近いパープルも、ブルーに近いパープルも、淡色同士なら合わせやすく、エレガントな雰囲気に。このパープルを好きな人は多く、ギフトにもおすすめの色合い。

フレッシュワインパープル

鮮やかで赤ワインのような色味のワインカラーは、高級感と華やかさを兼ね備えた色。グリーンと合わせることで、コントラストがはっきりし、より一層華やかなイメージに。

クラシカルパープル

重厚感のある落ち着いたパープルの組み合わせは、高級感のあるシックな雰囲気となる。色褪せたイエローグリーン系と合わせると、アンティークな雰囲気やレトロ感も出せる。意外と他の色やイメージとも合わせやすい調合。

BLUE

ブルーは、空の色や海の色、爽やかな作品や落ち着いたイメージの作品作りにぴったり。
自然界にある生花には、ブルーのものが少ないので、
アーティフィシャル、プリザーブドならではの楽しみ方もできる色。

アンティークブルー

優しく落ち着いたグレイッシュなブルーは、時が経って色褪せた印象を与える。実際の生花では、この色は存在しないので、アーティフィシャルならではの雰囲気が出せる。

ライトブルーホワイト

水色と呼ばれる淡いブルーとホワイトの組み合わせは、爽やかさと優しさ、上品さが感じられる色合わせ。ブルーを淡くすることで、涼しさと愛らしさの両方を兼ね備える。

フレッシュブルーホワイト

鮮やかなブルーとホワイトの組み合わせは、晴れ渡る空の色を思わせるような清々しいイメージ。ライトグリーンをプラスすることにより、より爽やかに。

ネイビーブルーホワイト

ネイビーは、深くダークな青、落ち着いた大人な印象の調合。シックな雰囲気にすると、高級感が出てくる。ホワイトと合わせることで、青のコントラストがはっきりし、スタイリッシュなイメージになる。

ORANGE

オレンジは元気でエネルギッシュな色。
一方で、他の色との組み合わせより、オシャレに見せてくれる色でもある。
少し上級者向けの組み合わせにもチャレンジできる調合も紹介。

ライトオレンジグリーン

イエローに近いオレンジと淡く優しいライトグリーン
の組み合わせ。明るく軽やかなオレンジとグリーンは
相性がよく、かわいらしいイメージになる。

フレッシュオレンジグリーン

元気なオレンジのなかでもビビッドオレンジとビビッ
ドグリーンの組み合わせ。どちらの色も彩度が高いた
め、引き立て合う。みずみずしいイメージの調合。

オータムオレンジ

少しくすんだ色のオレンジやグリーンの組み合わせ。
元気なイメージの強いオレンジは色を淡くすることで
落ち着いた柔らかい印象を与えることが可能。アプリ
コット系とも相性がよいので、複雑な調合にチャレン
ジできる。

オレンジパープル

反対色のオレンジとパープルの組み合わせも、優しく
淡い色でまとめると、上品でいてかわいらしい調合に
なる。オレンジをイエロー寄りにしたり、パープルを
ピンク寄りにするなど、色幅を持たせると、癒しの雰
囲気をかもしたりと、より複雑な調合にできる。

YELLOW

イエローは明るく華やかで、印象の強い色だけれど、意外に他の色とも組み合わせやすい色。
演出したい雰囲気に合わせて調合を楽しめる。

ライトイエローグリーン

優しくかわいらしいイエローとグリーンの組み合わせ。
淡いイエローグリーンは春のイメージを出しやすく、
ナチュラルな雰囲気にもなりやすいので、多くの人に
好まれる。初心者にもおすすめの調合。

オータムイエロー

イエローは春らしさや夏らしさを出しやすい色だが、
カーキや茶系の色を組み合わせることで、秋色のイエ
ローに調合できる。イチョウの葉が色づいてくるイメ
ージや紅葉しているイメージで色を合わせると落ち着
きのあるオータムイエローになる。

フレッシュイエローグリーン

鮮やかで元気なイエローとグリーンの組み合わせは、
エネルギッシュで楽しい雰囲気を出しやすい調合。春
から夏にかけてのイメージも出しやすく、かわいくも
エネルギッシュなイメージ。

イエローブルー

イエローは他の色と合わせやすいうえ、反対色のブル
ーとの相性もよい。互いの色を引き立て合い、強い印
象を与えつつも、清々しい調合となる。ホワイトを混
ぜるとさらに爽やかなイメージに。

CHAPTER 2

————

身にまとう花飾り

丈夫なアーティフィシャルフラワーで、お気に入りのデザインを楽しめるアクセサリー。デイリーで使えるバッグチャームやバレッタ、フォーマルシーンでも活躍するコサージュなど、洋服やバッグなどに合わせて、身につけるフラワーアレンジメントを作りましょう。

アイボリーベージュの
バレッタ＆イヤリング

アンティークな雰囲気のベージュやホワイトで
まとめたバレッタとイヤリング。
アーティフィシャルやプリザーブド以外にチュールや
パールビーズなどを添えることで華やかな魅力もアップ。

(Flower&Green)

(Material)

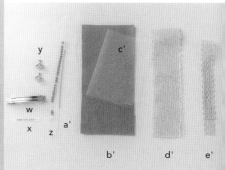

●アーティフィシャル／a マム（オリジナル・ブラン）b アジサイ（アイボリー）c アジサイ（ベージュ）d センニチコウ e アザミ f パンパス g スモークブッシュ h フィリカ i リーフブッシュ j ジプソ k ローズヒップ v ラスカス（ゴールド）
●プリザーブド／l アジサイ（オフホワイト、シャンパン）
●ドライ／m ソーラーローズ（シャンパン）n ニゲラ o シャーリーポピー p ボタンフラワー q ボアプランツ

r プティクラフトピック（ホワイト）s クラフティーフラワーピック（ホワイト）t クラフトリーフ u クラフトリーフ w バレッタ（7cm×3cm）x タグ（好みのもの）y 爪つき台座つきイヤリング金具 z, a' パールビーズ2種 b' フェルト（ブラウン20cm×10cm）c' チュール d' リネンリボン（幅50mm）40cm e' レースリボン
コールドグルー、グルーガン（ホットボンド）、フローラルフォーム、竹串

(How to make : バレッタの作り方)

1 フェルト（b'）の上にバレッタ（w）をのせ、バレッタよりひと回り大きいサイズでカットする（ここでは9cm×5cm）。

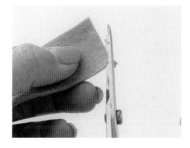

2 1の4つの角を落とし、丸みをつける。

3 バレッタの上面にグルーをしっかりとつける。

4 2のフェルトの中心に3をのせて、貼りつける。グルーを金具に塗ることで、バレッタの裏面もきれいに仕上がる。

5 4をフェルト面から手でおさえてしっかりと貼りつける。

6 ロゴリボン（x）の裏面にグルーをつける。

7 　6 を 5 の裏側の上部中心に貼り
つける。

8 　リネンリボン（d′）を 5 ㎝の
長さにカットし、縦半分にカッ
トする。このパーツを10個用
意する。

9 　8 のパーツすべてをリボンの端
が重なるように二つ折りして、
端の部分にグルーをつけ、貼り
合わせる。

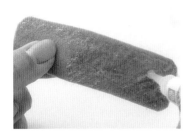

10 　バレッタのフェルト面全体にグ
ルーをつける。裏面にはグルー
はつけない。

11 　9 のパーツをバレッタのフェル
ト面の角に斜めに、輪の部分を
外側にして貼る。

12 　残りの 9 のパーツを、バレッタ
の角の部分は少し重なるように
貼っていく。

13 　角の部分以外は重ならないよう
に 9 のパーツを貼る。グルーを
フェルトにつけ足しながら、貼
っていく。

14 　9 のパーツをすべて貼った状態。
このリボンのループが外からの
衝撃などに耐える役割となるだ
けでなく、花材をしっかり留め
る土台になる。

15 　14を裏返し、金具を押して固定
する。グルーが乾燥して固定す
るまで待つ。

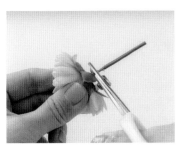

16 マム（a）は萼の下で茎をカットする。

17 グリーンの萼を手で外す。

18 花の裏側が写真のようになるまで、さらに花弁を外す。外した花弁はイヤリングで使用するので取っておく。

19 18の花弁の裏側にグルーガンでホットボンドをつける。すぐに固定したい場合はホットボンドを使うとよい。

20 バレッタの留め具の上にあたる部分にマムを貼りつける。留め具の上は最も手で押す位置になるため、壊れにくいアーティフィシャルを使う。

21 ソーラーローズ（m）の茎をカットしマムの右隣に配置する。

（41）

22 クラフトリーフ（t）を3枚葉ずつの枝で切り分け、1つのパーツをソーラーローズの右下に葉先が斜めを向くように挿し込む。

23 22と同様に、ソーラーローズの右上にももう1つクラフトリーフのパーツを葉先が斜め上になるように挿し込む。

24 センニチコウ（d）を23のクラフトリーフの上に配置し、ソーラーローズとマムの下に2cm×10cmにカットしたチュール（c'）を3等分に折りたたみ、下に挿し込む。

25 アジサイ（b,c）を花弁1枚ずつにカットする。アクセサリー作りではアーティフィシャルのアジサイは花というより、花弁として使うことが多い。

26 25をソーラーローズの下に竹串を使って挿し込んでいく。

27 ソーラーローズの下だけでなく、チュールの下などにも挿し込む。

28 アザミ（e）をセンニチコウと隣り合う位置に配置する。

29 写真のようにニゲラ（n）の茎を短くカットする。

30 ソーラーローズとチュールの間にニゲラの花が右上を向く角度で挿し込む。

31 レースリボン（e'）を4cm程度にカットしたパーツを3個作り、それぞれ半分に折り、切り口にグルーをつけて貼り合わせる。

32 31をセンニチコウの下に輪が右上を向くように挿し込む。このとき、リボンの輪を膨らませて立体感を出す。

33 31をセンニチコウとアザミの間に立てるように挿し入れる。

34 31のレースリボンはソーラーローズの左側にも同様に挿し入れる。

35 ポアプランツ（q）の茎をカットして、穂だけの状態にする。

36 ソーラーローズを手で押さえながら、ポアプランツをレースリボンとマムの間に挿し込む。

37 ニゲラとアザミの間にプリザーブドのアジサイ（l）を塊で2色とも挿す。パンパス（f）を切り分けてソーラーローズの上下に入れる。

38 リーフブッシュ（i）を小枝に切り分けソーラーローズの左上とセンニチコウの下に挿し入れ、クラフトリーフ（u）は葉を1枚ずつにカットし、プリザーブドのアジサイの横や下に挿し入れる。

39 クラフティーフラワーピック（s）は茎を少し残して花をカットし、3本まとめてソーラーローズの隣に挿す。周囲にローズヒップ（k）とシャーリーポピー（o）を挿す。1枚の葉にカットしたラスカス（v）をソーラーローズの左横に入れる。

(43)

40 全体の配置を確認。アクセサリーは隙間があると壊れる原因になる。隙間にはアーティフィシャルのアジサイ（b, c）の花弁を入れる。

41 アジサイの花弁は奥に入れるため、竹串などを使って押し込む。

42 切り分けたスモークブッシュ（g）をソーラーローズの左上に挿し込む。

43 クラフティーフラワーピックの上にボタンフラワー（p）を3本まとめて入れる。

44 パールビーズ（z）12個をワイヤーに通す。

45 ビーズで洋梨型を作りワイヤーをねじり留め、ピック状にする。パールビーズ（a'）も同様に。

46 メインのクラフィティーフラワーピックの近くにビーズのピック2本を挿し込む。

47 リネンリボンに重なるレースリボンやクラフトリーフなどの間をグルーで貼りつける。しっかりと接着することで、バレッタを使っているうちに素材が落ちないようにする。

48 リネンリボンと重なるパーツなどはすべてグルーで貼りつける。グルーがしっかり乾燥したら完成。

Point 1

制作するときは、最後までバレッタを持ち上げずに作ること。力を入れる場合はソーラーローズやマムなど壊れにくいものを触って挿し込む。

Point 2

完成したときのバレッタの裏側。裏側がきれいなこともアクセサリーでは大切。バレッタの周囲は手で触っても崩れないアーティフィシャルのアジサイで囲んでいる。

(How to make : イヤリングの作り方)

1 フェルト（b'）を2cm角に2枚カットする。イヤリングなのですべて同じ作業を2回行うが、工程ではわかりやすくするため、片側だけを作る手順で説明。

2 イヤリング金具（y）の台座の直径より5mm程度大きいサイズになるよう、1を円形にカットする。

3 イヤリング金具の台座にグルーをつける。

4 2のフェルトを台座に指で押してしっかり貼りつける。

5 4のフェルト面にグルーをつける。

6 バレッタの18で外したマムの小さな花弁を取り出す。

7 6を花の表側を下にして、5のイヤリング金具を上から貼る。

8 7を表側から見たところ。

9 7の金具部分をフローラルフォームに押し込み、固定する。イヤリングのような小さなパーツは固定してから作っていく。

10 クラフトリーフ（u）の葉を1
枚だけにし、マムの花弁の下側
に貼りつける。

11 シャーリーポピー（o）を花だ
けにカットし、ホットボンドを
花首の下につける。

12 11を花の中心に配置する。

13 プティクラフトピック（r）の
花1輪をシャーリーポピーの横
に少し斜めに配置する。

14 フィリカ（h）を花1輪にカッ
トし、シャーリーポピーとクラ
フトリーフの間に挿し込む。リ
ーフブッシュも葉を3枚程度で
切り分け、プティクラフトピッ
クの下に挿し込む。

15 パールビーズ（a'）16個をワ
イヤーに通し、バレッタの44、
45と同様に洋梨型のピックにし
てグルーをつける。

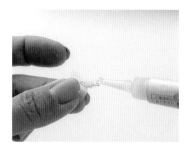

16 チュール（c'）を1cm×3cm
にカットし、半分に折り根元を
ワイヤリングして（p.18参照）
ピック状にし、グルーをつける。

17 15を中心の下部分に、16をフレ
ンチフィリカの隣に挿し込む。
プティクラフトピックの下にパ
ンパス（f）を挿し込む。イヤ
リングは横に広がらず、下に伸
びるように制作する。

18 ボタンフラワー（p）とローズ
ヒップ（k）を1輪にカットす
る。ボタンフラワーはシャーリ
ーポピーの上に、ローズヒップ
はプティクラフトピックの左下
に1輪、右上に2輪挿し込む。

19 小さく切り分けたスモークブッシュ（g）をプティクラフトピックの左右や上部分の隙間に挿し込む。

20 パールビーズ（z）12個で、バレッタの44、45と同様にピックを作る。

21 20をパールビーズ（a'）の上に挿し込む。

22 全体の形を丁寧に整える。

23 ホットボンドの糸が外から見えることがあるので、ハサミでカットし整えて完成。

24 完全にパーツが乾き切るまで、フォームにセットしたまま乾燥させる。乾いたら取り外す。 (47)

Point 1

イヤリングは耳につけたときのバランスを想像しながら作る。

Point 2

イヤリングの裏面。商品として販売するなら、裏面の仕上がりも大事。

ボタニカルグリーンの ブローチとバッグチャーム

ブローチとバッグチャームは、年齢を問わずに楽しめるアクセサリー。
ナチュラルで落ち着いた雰囲気のボタニカルテイストのアイテムは、
甘すぎないので、日常使いにもぴったり。

(Flower&Green)

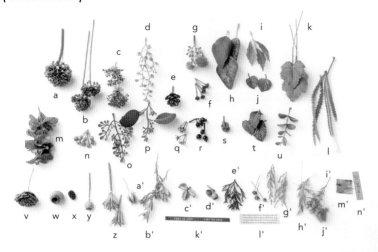

(Material)

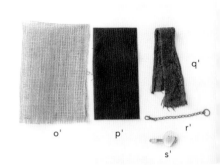

● アーティフィシャル／a マム（ダークグリーン）b マム小（グレイ）c レディス
マントル d ユーカリブッシュ e ミニツガアート f ジプソ g,h ミックスリー
フブッシュ i ルリタマアザミ（葉のみ）j プミラ k グレープアイビー l グレ
ビレア m アジサイ（ダークグリーン）n パティナベリー o ミックスリーフブ
ッシュ p ユーカリ・ポポラス q シキミア r サンキライ s カンガルーポー
t ミント u ユーカリ
● プリザーブド／e' マウンテンジュニパー（グリーン）f' リンフラワー（グリー
ン）g' ストーベ（スプリンググリーン）h' プルームリード（グリーン）i' ティー
ツリーメラレウカ（ライムグリーン）
● ドライ／v ソーラーローズ（チョコ）w ベルガムナッツ x ヤシャブシ y シャー
リーポピー z ニゲラオリエンタリス a' フーセンポピー b' ヤングプルモッサ
ム c' ワタガラ d' アンバーナッツ j' ジュートファイバー（モスグリーン）

k' ロゴリボン（好みのもの）l' 洋書ペー
パー m' シラカバシート n' ヴィンテ
ージ風ロゴシート（外国の古切手など好
みのもの） o' ジュート15cm×20cm
p' フェルト（ダークブラウン）15cm×
7cm q' コットン布3.5cm×30cm r' バ
ッグチャーム s' 丸皿付きブローチ金具
コールドグルー、グルーガン（ホットボンド）、#28ワイヤー（ブラウン）、竹串

(How to make : ブローチの作り方)

1 フェルト（p'）をブローチ金具
（s'）の丸皿より一回り大きい
直径5cmの円形にカットする。

2 ブローチ金具の丸皿部分にグル
ーをつける。ここではフェルト
にグルーをつけるとブローチの
裏面が汚くなるので、必ずグル
ーは金具面につける。

3 フェルトの中心に 2 を貼る。

4 3のフェルト面の中心に指をのせ、金具面にしっかり定着させる。

5 ジュート（o′）を2cmの幅にカットし、リボン状にする。

6 5を6cmずつカットしたものを8パーツ用意する。

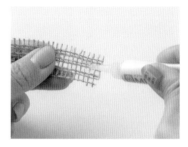

7 ブローチのフェルト面全体にグルーをつける。

8 ロゴリボン（k′）を5cm程度にカットし、二つ折りにしたものを右中央に貼る。

9 6のジュートリボンの端にグルーをつける。

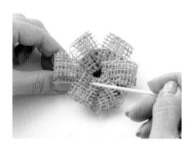

10 9を二つ折りにしブローチのクリップを隠すように輪を外にして、8のロゴリボンと対称の位置に貼る。

11 さらに5つのパーツを写真のように中心を空けて、おおよそ等間隔でつける。ジュートは透けているため、手にグルーがつきやすいので気をつける。

12 裏面から見たところ。このジュートが立体感を出すだけでなく、裏面の衝撃から花材を守る緩衝材になる。

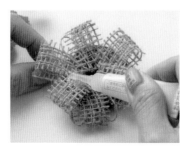

13 グレープアイビー（k）の茎をカットし、葉だけにしたものを2枚用意する。

14 クリップ部分を手で押さえながら、ブローチの表面のジュートの根元部分にグルーをつける。

15 ブローチの表面の中心に13のグレープアイビーの葉を貼る。

16 15の上に、少しずらしてもう1枚グレープアイビーを重ねる。

17 16がしっかり定着するように竹串などでならし、平らにする。この上に花材を貼りつけていく。

18 マム小（b）の茎をカットし、裏面にグルーをしっかりつける。ソーラーローズ（v）も同様に。

19 マムはクリップの上にあたる位置に貼りつける。ソーラーローズをその隣に配置する。

20 ポポラス（p）の大きめの葉を1枚とアジサイ（m）の花弁を1枚ずつにカットし、ポポラスをソーラーローズの下、アジサイを上に竹串を使って挿し込む。

21 レディスマントル（c）をマムとソーラーローズの間に挿し込み、ニゲラオリエンタリス（z）をソーラーローズの上に花が斜め上を向くように挿す。

(51)

22 フーセンポピー（a'）をソーラーローズの上に挿し込む。ニゲラオリエンタリス同様に少し斜め上に向くように。

23 ソーラーローズの斜め下にシャーリーポピー（y）、真下にミックスリーフ（o）を挿し込む。

24 ワタガラ（c'）を二つに割り、グルーをつけてシャーリーポピーの横とフーセンポピーの横に挿す。

25 プミラ（ｊ）をフーセンポピー
　　の上に挿し込む。

26 ミント（ｔ）とルリタマアザミ
　　の葉（ｉ）をポポラスの上に挿
　　し込み、ミントはワタガラの下
　　にも挿し込む。

27 カンガルーポー（ｓ）、ベルガ
　　ムナッツ（ｗ）、サンキライ
　　（ｒ）、ヤシャブシ（ｘ）など
　　の実ものをつける。

（52）

28 グレビレア（ｌ）をカットして
　　丸めて上下のポイントになりそ
　　うな位置に挿し込む。

29 ジプソ（ｆ）、ヤングプルモ
　　ッサム（ｂ'）、リンフラワー
　　（ｆ'）、ストーベ（ｇ'）などを
　　埋もれないように配置し、上部
　　のアジサイの花弁を配置したと
　　ころを竹串でぎゅっと押す。

30 コットン布（ｑ'）を1.5cm幅に
　　割ってリボン状し、ループを2
　　つを作って重ね、ワイヤーでね
　　じり留めてピック状にする。

31 30をソーラーローズの右上に挿
　　し込む。

32 ブローチの上部や下部の隙間に
　　ジュートファイバー（ｊ'）を竹
　　串で挿し込み完成。

Point

完成したブローチの裏側。横の広が
りよりも下に伸ばしていることがわ
かる。

(How to make : バックチャームの作り方)

1 フェルト（p'）を20cm×12cm にカットして、半分のサイズ （10cm×6cm）2枚にカット する。

2 1を2枚重ねて4つの角を落と して丸くする。

3 コットン布（q'）を14cm× 3.5cmにカットする。

4 3を二つ折りにして、折った部 分から1cm以外を除きグルー をつける。

5 4の折った部分にバッグチャー ム（r'）を通し、布をしっかり 貼り合わせる。

6 フェルト1枚の全面にグルーを つける。

〔53〕

7 6に5のチャームを通している 部分が少し飛び出るように重ね る。

8 重ねたコットン布の全面にグル ーをつける。

9 もう1枚のフェルトを上から重 ねてしっかりと貼り合わせ、足 りない場合はグルーを追加する。 これがバッグチャームのベース になる。しっかり乾燥させる。

10 ロゴリボン（k′）を4cmにカットして、裏側にグルーを塗る。

11 9の片面の角を丸くカットした部分より上に10を貼る。

12 11を裏返し、フェルトの全面にグルーをつける。

13 ジュートを2.5cm×6cmのサイズに9パーツカットし、切り口にグルーを塗って二つ折りにし、二つ折りの輪が飛び出るように放射状に貼りつける。

14 すべてのパーツを貼ったところ。しっかり乾燥させてから次の工程に入る。

15 マム（a）の茎をカットする。

16 マムの萼の部分にホットボンドをつける。

17 14の左上の部分に16に貼る。

18 ベルガムナッツ（w）は実の部分だけにカットし、実の裏にホットボンドをつける。

19 18をマムの右下に配置する。

20 マム小（b）2本の茎をカットし、裏にホットボンドをつける。

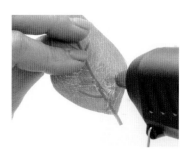

21 ミックスリーフ（h）の葉1枚とミニツガアート（e）の裏にホットボンドをつける。

22 マム小はマムの左下、ミニツガアートはマムの右上、ミックスリーフ（h）の葉はベルガムナッツとマム小の下にそれぞれ配置する。

23 ミックスリーフ（g）の実の部分、アジサイ（m）を2輪にカットし、ミックスリーフ（h）1枚をマムの右隣に貼り、ミックスリーフ（g）の実をその上に、アジサイ（m）はベルガムナッツの下に配置する。

24 マムとマム小の間に、ニゲラオリエンタリス（z）を挿し入れる。バッグチャームなので、平らに仕上がるように意識して配置する。

(55)

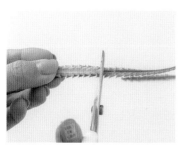

25 グレビレア（l）はカットして二つ折りにして切り口にホットボンドをつける。

26 ユーカリブッシュ（d）、ポポラス（p）、ミント（t）、ルリタマアザミの葉（i）をカットし先に入れた花材の下などに挿し込み、25をマムの左下に入れる。

27 25と同様にグレビレアをもう1パーツ作り、アジサイの下に挿し込む。葉は外側を向くように配置することで、なかの花材の保護にもなる。

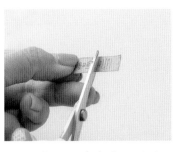

28 ロゴシート（n'）をカットする。こちらはオリジナルなので、外国の古切手などを代用してもよい。

29 シラカバシート（m'）に28を貼り、ロゴのサイズより一回り大きくカットする。

30 ニゲラオリエンタリスの右隣にパティナベリー（n）を、上に29を斜めに挿し入れる。

31 洋書ペーパー（l'）を文字一列ごとにカットしたものを3つ作り、それぞれ二つ折りにする。

32 31を文字が見えるようにミックスリーフ（g）の間に膨らみを出すように挿す。ミックスリーフ（g）の白い小花部分をアジサイの下に挿す。

33 31の残り2つも32の近くに入れる。パティナベリーの隣にサンキライ（r）を挿し込む。

34 コットン布を手で5mm程度に割く。

35 34でループを2つ作る。

36 35のループ2つを重ねて、ワイヤーでねじり留めてピック状にする。これを2つ作る。

〔 56 〕

37 36を左上と右下の下側にそれぞれ挿し込む。最後に
プルームリード（h′）、ジプソ（f）、マウンテ
ンジュニパー（e′）、シキミア（q）など、繊細で
やわらかな素材を中心に加える。花材の間に隙間が
ないか確認し、隙間がある場合はジュートファイバー
を挿し入れる。花材の向きを整えホットボンドの
糸などをカットして完成。

Point 1

バッグチャームの裏側。裏から見て
葉だけが見えるのもポイント。ロゴ
リボンの代わりに好みのロゴなどを
貼っても素敵。

Point 2

葉物のさまざまな色と実ものの質感
がユニークな仕上がり。バッグチャー
ムをつけるとき、自分からの目線
はバッグチャームの上部になるので、
上から見た姿を意識して制作する。

グレーブラックの
フォーマルコサージュ

アクセサリーとして楽しむだけでなく、
手軽に商品として販売しやすく、
レッスンでも人気が高いコサージュ。どんな服にも合わせやすい
黒のコサージュは、青みがあったりグレイッシュな花材を混ぜること、
素材の質感を変えることで複雑な印象に仕上げると目を引きます。
アーティフィシャルのピオニーをメインにした
ブラックのコサージュは、ダークな色合いのスーツや
黒系のフォーマルなワンピースにつけて華やかさを添えて。

(Flower&Green) ●アーティフィシャル／ピオニー（ダークグレイ）、マム（ツートングレイ）、アジサイ（ブラック）、シュ
ガーベリーピック、アイスベリー　●プリザーブド／アジサイ（パールグレー）、アマランサス（グレー）
●ドライ／テールリード（ブラック）

(Material)　　リボン、チュール、パール、フェルト、コサージュピン、コールドグルー、ホットグルー、#28ワイヤー（ブラウン）

(How to make)

1 コサージュピンの台座よりひと
まわり大きめにカットした黒い
フェルトを台座に接着する。身
につけるときに背面が見えるの
で、グルーがはみ出したり跡が
残ったりしないように気をつけ
る。

2 リボンを6cmほどにカットし
二つ折りにして端を貼り合わせ
たものを5、6パーツ用意し、
1のフェルト面の周りにグルー
で接着する。リボンには土台と
コサージュピンのクリップ部分
を隠す役割がある。

3 アーティフィシャルのアジサイ
は茎を取り除いて広げ、フラッ
トな状態にして2のリボンを貼
った中央に接着する。花弁の広
がりが、リボンのアウトライン
と重なるようにする。

(59)

4 マムはそのまま使うと大きすぎ
るので花弁を数枚外してボリュ
ームを抑える。外した花弁も後
で使用する。

5 フリルのついたリボンをワイヤ
リングした（p.18参照）パー
ツをいくつか作る。コサージュ
に入ると花のように見える。

6 メインのピオニーが少し上を向
くように接着。触れることの多
いクリップ側にアーティフィシ
ャルのマムを加える。ホットグ
ルーを使うと瞬間的にしっかり
接着できる。

7 5で作ったリボンのパーツをア
ウトラインに沿って挿し込んで
接着する。

8 グレーのリボンを長めにとって
2周ほど巻いてワイヤリングし、
流れ落ちるようにコサージュに
接着する。コサージュは重力に
沿ってリボンが下に向くように
したほうが自然な印象になる。

9 チュールを5と同様にワイヤリ
ングしてパーツを作り、7と同
様に周りに接着していく。チュ
ールはアウトラインに入れると
透け感がきれいに見える。

10 黒のリボンも8と同様にして加える。

11 フォーマルなときにもつけるからこそ、アーティフィシャル感を出したくないので、自然素材のプリザーブドを入れて繊細さをアップさせる。チャコールグレーとシルバーのアジサイを細かく切り分けてミックスしてフォーカルポイントに加える。

12 シルバーのシュガーベリーピックをフォーカルポイントに加える。黒い色合いのなかでピリッと引き締める役割になり、砂糖菓子のようなきらきらした加工でアクセサリー感が増す。ゴールドにすると目立ちすぎるのと、冠婚葬祭に適さなくなる。

（60）

13 プリザーブドのアマランサスは輪にしてワイヤリング（p.18参照）。モコモコの質感がコサージュのなかで効いてくる。長い花材はそのまま使うと壊れやすいので輪にすると使いやすい。

14 凍ったような加工がされているアイスベリーは、コサージュのキラキラ感と合う。目に入りやすい正面から上あたりに加える。

15 横から見たときに色の違いが出るようにチャコールグレーのアーティフィシャルのアジサイを側面の隙間に入れていく。黒が多いところにはグレーのアジサイを、グレーが多いところには4で外したマムのパーツを4つ折りくらいにして接着して使う。

16 リボンを長く取り数個ループを作ってワイヤリング。コサージュの上部に挿して、長く取ったリボンをコサージュに入れ込み、リボンとコサージュを一体化させる。ベロアのリボンは厚手で丈夫なのでクリップ側に使ってもいい。横から見ても立体的に見えるように細かく分けて挿す。

17 パールでアーチを作って接着する。2カ所に分けて加えているが、一続きにつながっているように見せる。引っ掛けると壊れてしまうのでアーチの高さは抑えて、完成。

Point

背面から見ると、パーツが中央に配置されていて、グルーの跡もなくきれいな状態なのがわかる。

● 普段使いから特別な日まで使えるコサージュ

特別な日につけることが多い印象のコサージュ。
素材や色合いを変えると普段使いしやすいコサージュになります。
テイストの異なるコサージュを紹介するので、素材選びやデザインの参考にしてください。

**木の実とグリーンの
ボタニカルコサージュ**

ドライの木の実をメインに使ってアースカラーでまとめている。ナチュラルテイストでもメンズライクな服にも合う。アートティフィシャルも使っていて丈夫なので、ブローチ感覚で使える。

**アンティークピンクの
フェミニンコサージュ**

フェミニンでかわいらしいイメージ。オーガンジーでできたリボンを使っているので、洋服もリボンやオーガンジー、チュールを使っているものと合わせるといい。プリザーブドのバラとアジサイを使った繊細なデザイン。

**アンティークブルーの
カジュアルコサージュ**

リネンのリボンやクラフト資材のような丈夫な花材が使われた普段使いしやすいデザイン。カジュアルなデニムでもフォーマルなグレーのスーツでも合わせやすい。青の色合いがはっきりするほどカジュアルな印象になる。

**ナチュラルテイストの
ドライコサージュ**

自然素材のドライがたくさん使われているコサージュ。カジュアルに身につけられそうだが、自然素材でできているので扱いは慎重に。リネンのワンピースや生成色の服にさりげなく合わせるのがおすすめのデザイン。

**ピオニーの
エレガントコサージュ**

アイボリーにシャンパンゴールドを入れて全体に淡い色で仕上げている。ゴールドがギラギラしていないので、普段使いにしやすい。パールも使いフェミニンでいてエレガントな印象で、フォーマルにもOK。

● 色と花材で自由に作るアクセサリー

アクセサリーはベースとなるパーツがあれば、色や花材を変えて、自由に制作しやすいもの。
VERT DE GRISが作ったアクセサリーの一部を紹介。

**エレガントパープルの
バレッタとイヤリング**

少し暗めのパープルを入れてクラシカ
ルな雰囲気を出し、パールやビーズを
組み合わせて高級感のあるエレガント
なイメージに。

**アンティークブルーの
ブローチセット**

大人でも子どもでも似合う大人かわい
いブルー系。大小セットのブローチは
親子でお揃いや、胸元と帽子などにコ
ーディネートして楽しめる。

**木の実とベリーの
アクセサリーセット**

木の実やベリーをたっぷりと使い、食
べたくなるようなかわいらしさを、ぎ
ゅっと閉じ込めたアクセサリー。アー
スカラーで壊れにくい花材のデザイン
は、カジュアルな服装によく合うので
普段使いにおすすめ。

**ボタニカルテイストの
バックチャーム**

花ではなく、実や葉をメインにしたナ
チュラルなボタニカルデザインは、カ
ゴバックと相性がよいので春夏のお出
かけのおともに。

**アイボリーピンクの
バックチャーム**

アイボリーとピンクの落ち着いた色合
わせに、パールやビーズを組み合わせ
て上品に仕上げる。入学式、卒業式な
どのフォーマルシーンにおすすめ。

**クラシカルブラックの
バックブローチ**

チュールやリボンを使って、大人っぽ
く、エレガントに。大きなブローチピ
ンを使うと、バックにつけて揺れる姿
も素敵。

**クラシカルブラックの
コームとイヤリング**

大人っぽく高級感のあるアクセサリー。
フォーマルシーンはもちろん、小さめ
のデザインなので、カジュアルシーン
にさりげなく取り入れても。

**アイボリーベージュの
ローズコーム**

レースリボンをあしらったフェミニンなデザインのコームは、
上品なレースを使用しているのでブライダルシーンにも。ロ
ーズをポイントに仕上げ、裏面にはチュールリボンを。

CHAPTER 3

季節を感じる花飾り

アーティフィシャルやプリザーブドフラワーでも季節感を出す花材使いがVERT DE
GRISのこだわり。そんなシーズンごとに楽しめる花飾りは、お手入れ不要でギフト
としてもおすすめです。

スプリングフラワーケーキ

白いフォームに春らしい明るい色合いの花を挿していくと完成する
ケーキのようなアレンジメント。
器に飾ると、パティスリーに並ぶケーキドームのような印象に。
春らしい色の花材をミックスした華やかな雰囲気で、
新生活を始める人へのギフトにすると喜ばれそう。

(Flower&Green)

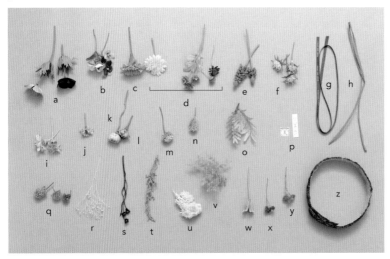

- ●アーティフィシャル／a アネモネ　b ビオラ　c マリーゴールド　d デイジー
  e ムスカリ　f スカビオサ　i ブプレリウム　j サニーコレオプシス　k ラナンキ
  ュラス　l バラ　m マム　n センニチコウ　o アカシア
- ●プリザーブド／q センニチコウ3種（フルーティオレンジ、バニラピンク、スウ
  ィートライラック）　r カスミソウ（白）　s アンモビューム（ワインレッド）　t ス
  トーベ（グリーン）　u フィンランドモス（白）　v サンウィーバイン（ライムグリ
  ーン）
- ●ドライ／w ニゲラ・オリエンタス（グリーン）　x クリスパム（ブルー）　y イモー
  テル（パープル）

(Material)

g リボン　h ペーパーラフィア　p タグ2種（好みのもの）z モスリボン
コルクシート、フローラルフォーム（白）Ø13×h3.5cm、ガラスドーム w22×h21
cm、#28ワイヤー、コールドグルー、タグ

(How to make)

1 フォームは直径13cm高さ5cmの円柱にカット。モスリボン（z）をフォームの側面に接着し、リボン（g）を蝶結びして留める。頭の大きな花材でフォームを埋める。低く挿してのちに加える花材の脇役になるように調整する。

2 ムスカリ（e）は高さを調整する役割。挿したあとにガラスドームをかぶせて、きちんとかぶせられるか確認する。頭は内側にカーブするように曲げるとナチュラルになる。

3 色をきれいにミックスして挿すには、ピンクをすべて挿してから黄色をすべて挿すように1色ずつ挿していくと、色が偏らない。花芯が目立つ花材を対称に挿していくと、まるで目のように見えて不自然なので、ランダムに配置する。

4 途中の様子。濃い紫色は目立つので、作品の重心より手前に持ってくるとバランスがいい。ケーキのように丸くしたいので花材がフォームからはみ出ないように気をつける。

5 マルチカラーを中和する白グリーンの花材は空いているところに挿していく。

6 繊細なプリザーブドの花はもっとも目立つ手前に高さをつけて加える。

7 ケーキのクリームを塗るイメージでフォームをフィンランドモス（u）で埋める。フォームの隙間を埋めるというよりは、花材のワイヤーを隠すように高さをつける。

8 ケーキについているピックのイメージで、コルクシートにタグ（p）をつけて挿す。

9 ペーパーラフィア（h）を広げ、ガラスドームの取手に片結びする。ラフィアに白グリーンの花材をワンポイントになるように飾り、縦長のタグをつけて、完成。

スカビオサとスズランのアレンジメント

春に旬を迎えるスカビオサとスズランを主役にした
ホワイト×イエローの色合いが爽やかなアレンジメント。
アーティフィシャルのスカビオサのつぼみが芽吹き咲こうとする姿を、
生きているかのように見せるのがポイント。
明るくナチュラルなデザインは、春や初夏のギフトにおすすめです。

スカビオサとスズランのアレンジメント

(Flower&Green)

- ●アーティフィシャル／a スズラン b スカビオサ2種 c デイジー d バイモユリ e アストランチア2種 f マム3種（オリジナル・ヴェール、クリームイエロー、ホワイト）g フリルベリー h ポンポンピック i ユーカリベリー j ユーカリポポラス k ミックスリーフブッシュ2種 l コリウス m ミント
- ●プリザーブド／t カスミソウ（クリーム）u アジサイ（モーニングイエロー）
- ●ドライ／n ジュートファイバー（モスグリーン）o フローレンティナ（イエロー）p クリスパム（エンジェルイエロー）q ポアプランツ（パステルイエロー）r テールリード（白）s スターチス（ホワイト）v カーリーモス（グリーン）

(Material)

#24ワイヤー、コールドグルー、フローラルフォーム、器（バケツ型のブリキの器）

(How to make)

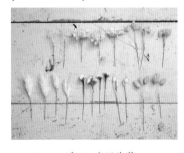

1 アレンジメントは生花のフォームを利用するので、事前にワイヤリングをして制作する（p.18参照）。茎がやわらかいものは茎を残し、高さを出したいもの、アジサイは複数を丸くまとめる、スズランは1輪で切り分けるなどし、それぞれワイヤリングする。

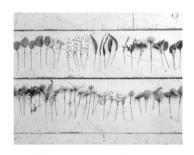

2 葉物は大きいものは1枚で、小さなものは2枚を組み合わせてワイヤリングする。すべての花材を挿すときはグルーをつけて挿していく。

3 器にフォームをセットする。フォームの四隅にグルーをつけて器に接着して、時間が経ってもフォームが浮かないようにする。

4 マム（f）のような大きめの花材を低めに挿し、横にメインとなるスカビオサ（b）を挿す。三角形を意識するように奥にも挿す。器自体は動かさないで花材を加えていく。

5 メインのスズラン（a）は高さをつけ、全体の流れを意識して2本挿す。スカビオサのつぼみはワイヤーが入った茎を曲げて顔が横を向かないように自然な感じで挿す。

6 立ち姿がまっすぐではないデイジー（c）のような花は顔を内側に向けて挿す。プリザーブドのアジサイはメインの白いスカビオサが浮かび上がるように両脇に挿す。

(69)

7 葉物を周りに挿して輪郭を作る。器の縁にかかるようにユーカリポポラス（j）を挿すことで、器と花を一体化させる。

8 ユーカリベリー（i）、ポンポンピック（h）、バイモユリ（d）などの高さを出す花材を飛び出るように挿していく。

9 プリザーブド、ドライを挿していく。自然素材でできた花材も見せたいので、メインの花の近くの目線が集まるところにまとめて入れるようにする。

10 スズランは目立たせたい花なので自然な方向に向け、高さを出して挿し、強調する。フォームを隠すための葉物を加えるときは器を45度くらい上に傾けて挿していく。

11 最後にカーリーモス（v）やジュートファイバー（n）で正面以外の足元を隠して、完成。ぎゅうぎゅうに押し込み過ぎず、透けて見えるくらいの感じに留める。

サキュレントのガーデンテラリウム

アーティフィシャルのサキュレント（多肉植物）は
インテリアを選ばず飾れるので、男性にも人気が高いアイテム。
アンティーク感をプラスする洋書のペーパーに相手の名前を入れるなど、遊び心を取り入れても。
ガラス越しに見えるグリーンが涼しげで夏のギフトにぴったりです。

サキュレントのガーデンテラリウム

(Flower&Green)

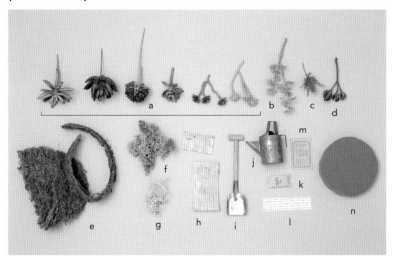

- ●アーティフィシャル／a サキュレント6種　b ウォームウッドルート　c エリンジウム　d カンガルーポー　e モスリボン
- ●プリザーブド／f フィンランドモス（フレッシュグリーン）
- ●ドライ／g カーリーモス（グリーン）

(Material)

h シラカバシート　i シャベル j ジョーロ　k チケット　l 洋書ペーパー　m タグ（好みのもの）n フローラルフォーム（Ø8.5cm）
#26ワイヤー、コールドグルー、ホットボンド（グルーガン）、ガラスベース（Ø10×H15cm）

(How to make)

1 モスリボン（e）を器の底に合わせてカットして接着する。丸くカットしたフォームの側面にホットボンドでモスリボンを接着し、最後はU字に曲げた#26ワイヤーで留める。

2 1を器の底面にセットする。正面から見えるように斜めにフォーカルポイントとなるサキュレント（a）を挿していく。大きめのものは低く挿すが、アーティフィシャルの多肉は茎を見せてもかわいい。

3 シャベル（i）とジョーロ（j）にクシャクシャに丸めてシワをつけた洋書ペーパー（l）を貼る。これでアンティーク感が増す。ジョーロにはモス（f）を接着する。よく見えるように正面に配置する。

4 手前にサキュレントを接着し、作品の正面を目立たせる。シラカバシート（h）にタグ（m）を貼り、背面に挿す。

5 ウォームウッドシート（b）、カンガルーポー（d）を背面に挿す。サキュレントのオレンジ色を散らすように入れる。

6 手前を目立たせる。シラカバシートにチケット（k）を接着し、自然になじむようにモス（f,g）も接着して、ジョーロの手前に配置する。小さなサキュレントは飛び出るように加える。

7 丸いガラスの器なので斜め45度くらいの角度から見てもかわいいようにエリンジウム（c）などを加える。

8 フォームが隠れるようにモス（f,g）を加える。1で使ったモスリボンと色が交ざって複雑に見える。完成。

Point

上から見た様子。前面だけではなく、背面にも小さなサキュレントをバランスよく加える。フォーム全体がモスで覆われているのがわかる。

ベリーのトレジャーBOX

食べたくなるようなおいしそうなベリーをたくさん使った宝箱のデザイン。
夏の濃い色合いのグリーンは赤いベリーの色を際立たせ、見ている人に元気な印象を与えます。
ベリーやライムなどをメインにしたカジュアルなタイプは夏向けですが、
冬の花材やプレゼントのようなパーツを増やせば、クリスマス時期にも応用できる作品。

ベリーのトレジャーBOX

(Flower&Green)

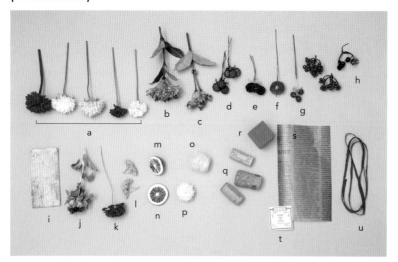

- ●アーティフィシャル／a マム5種（レッド、ホワイト、オリジナル・ブラン、レッド小、ベージュ小） b シキミア c ヒペリカム d 野イチゴ2種 e ラズベリー f リンゴ g 野イチゴ（ミニ） h ベリー2種
- ●ドライ／j ベニバナ k ソーラーローズ l アキレア m ハーフレモン n オレンジスライス o シサル麻 p アンバーバーム（白）

(Material)

i シラカバシート q コルク r ドライ用フローラルフォーム s 英字ペーパー t タグ（好みのもの） u コットンヤーン
#18、26ワイヤー、コールドグルー、ホットボンド（グルーガン）、フローラルフォーム、器（トレジャーBOX・W18×D12×H15.5cm）

(How to make)

1 プレゼントBOXを作る。ドライ用のフォーム（r）に英字ペーパー（s）をキャラメル包みして、グルーガンで固定。コットンヤーン（u）をかける。#18ワイヤーを挿してピック状にする。

2 器にフォームをセットして、面積の大きいマム（a）を低めに挿してベースを作る。前面にベリーを入れるので、まんべんなく花材を散らす。l は高さをつけて中心より左に傾けて挿す。

3 器のウッド感と色合いが近いベニバナ（j）を加える。白っぽい花、赤い花をまんべんなく挿してベースは完成。

4 　タグ（t）を接着したシラカバ
　シート（ i ）は端を鋭角にカッ
　トして挿す。コルク（q）は文
　字を活かしつつさまざまな方向
　になるように#18ワイヤーを挿
　して、箱の縁から溢れるように
　加える。

5 　丸いフォルムがかわいい実もの
　を加える。オレンジ（n）、レ
　モン（m）、リンゴ（ f ）、ア
　ンバーバーム（p）でベースを
　埋める。n はワイヤリング（p.
　18参照）、mは箱の縁に直接
　グルーで接着する。

6 　メインのベリー（g）を挿すた
　めのベースとなる大振りなベリ
　ー（d,e）を挿す。同じベリー
　でもオレンジがかったものから
　濃い色まで濃淡をつけると、お
　いしそうな見た目になる。

（75）

7 　赤い色合いのなかに緑のシキ
　ミア（b）と黄色のアキレア
　（ l ）の花を散らしていく。奥
　行き感を出すために後ろの方に
　もヒペリカム（c）、濃い色の
　ラズベリー（e）などを挿す。

8 　メインのベリー（g）を1の近
　くに加える。黒い小さなベリー
　（h）を全体的に散らして加え
　る。葉はボックスの縁に溢れる
　ように挿す。

9 　小さい赤いベリー（h）にさら
　に小分けにしたベリーを加えて
　ボリュームアップさせる。

10 　ベースの隙間にシサル麻（o）
　を加えてベースを隠して、完成。

ジニアのオータムクラッチブーケ

アーティフィシャルのブーケは花瓶いらずで香りもなく、ペットを飼っている人に贈るギフトとしておすすめです。
ジニア、バラ、ステルンクーゲルを主役に、こっくりしたグリーン、
オレンジ、ブラウンといった秋の色合いを使ったクラッチブーケ。
ペットの遊び道具にならないように極端な凹凸をつけず、短くかっちりしたスタイルに。
ペットが遊んでも心配がないプラスチック製の硬い実ものなどをセレクトしています。
動物と暮らす人へ秋を楽しむアイテムとして作ってみては。

(Flower&Green)

●アーティフィシャル／a ユーカリ　b ジニア（ブラウン）　c ユーカリ　d ジニア（オレンジ）e リーフ　g アジサイ2種　h ミックスリーフ　i アイビー　j ユーカリ　k ユーカリ（実）l マム（ベージュ）m ユーカリ・ポポラス　n ユーカリ（実）o ユーカリ2種　p バラ　q センニチコウ　r スカビオサ'ステルンクーゲル'　s ホオズキ

(Material)

f 好みのリボン
フローラルテープ（グリーン）、#18ワイヤー、麻紐、ホットボンド（グルーガン）

(How to make)

1 花材は固めずに散らしたいので1本を細かく切り分ける。切り分けた花材、茎が短い花材に太めの#18ワイヤーを沿わせ、フローラルテープを巻き下ろしてワイヤリングする（p.18参照）。

2 太めでまっすぐな茎の花材を中心にスプレー咲きのバラ（p）や面積の大きめのジニア（d）、スカビオサ（r）などをスパイラルに組んでいく。きゅっと密な花束にするので上のほうで持って束ねていく。

3 バスケットに入れて飾ることを想定しているので、メインとなるジニア（b）がきれいに見える角度を見つけたらそこをワンサイドにして組んでいく。目立たせたいバラ（p）はやや飛び出すように加える。

4 花束全体にまんべんなくオレンジ色が入るように注意する。バスケットに入れたときに実ものが縁からこぼれるようなイメージで花束に加える。

5 ブーケを麻紐で結ぶ。アーティフィシャルの茎はきれいに見える長さでカットし、1でつけたワイヤーは上に巻くリボンに隠れるくらいまでカットする。カットした茎は、使用するので取っておく。

6 持ち手をしっかり固定するのと、リボンを巻きやすくするためにフローラルテープを巻き下ろす。縛ったことで花がギュッと集まるので、あとで花部分は広げて調整する。

7 5でカットした茎の先端にホットボンドをつけて、フローラルテープを巻いた茎のなかに1本ずつ挿し込んで接着する。こうすると、ワイヤーの足を隠すことができ、自然な花束に見える。上の花とバランスが取れるくらいの量を挿し込めばOK。

8 リボンの端にホットボンドをつけて、6で巻き下ろしたフローラルテープを隠すように巻いていく。

9 8の首元に別のリボンで蝶結びすれば、完成。蝶結びの位置はブーケの正面を示すようにする。

木の実とローズのオータムバスケット

ブラウン×グリーンのシックな色合いの花材を飾って秋の気配を感じるバスケットに。
持ち歩くアイテムなので、繊細なプリザーブドやドライを少なめにし、立体感を抑えました。
手に提げるので上から見られる機会が多いことから、
上部にもしっかり花材を入れてカバーして。
夏に使ったバスケットも秋らしいデザインになります。

木の実とローズのオータムバスケット

(Flower&Green)

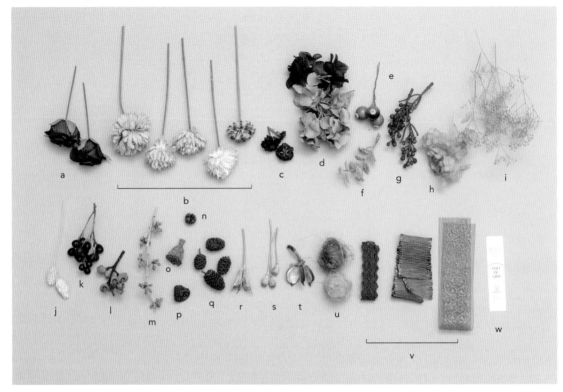

- ●アーティフィシャル／a バラ　b マム4種（グレイ、オリジナル・ヴェール、オリジナル・ブラン、グリーン）c マーメイドローズ　d アジサイ3種（チョコ、ブラウン、グリーン）e ブルーベリー　f ウォームウッドルート　g レグランベリー
- ●プリザーブド／h アジサイ（ナチュラルグリーン）i カスミソウ（パウダーグリーン）
- ●ドライ／j ポアプランツ　k シャリンバイ　l 丸粒ユーカリ・ブランチ　m ユーカリ・ポポラス　n ミニバクリ　o ミニハス　p ユーカリ・ボタンガム　q ヤシャブシ　r ニゲラオリエンタリス　s シャーリーポピー　t ワタガラ　u ジュートファイバー2種（モスグリーン、ナチュラル）

(Material)

v リボン3種　w タグ（好みのもの）
#28ワイヤー、コールドグルー、ホットボンド（グルーガン）、バッグ（W26×H11×D21cm）

(How to make)

1　マム（b）をバッグに接着して
ベースを作る。このとき、メイ
ンのバラ（a）が入る空間を作
っておく。花の顔を上向きでラ
ンダムに向くようにする。

2　ホットボンドをタグ（w）の裏
側全面につけてバスケットに対
して垂直に接着。アーティフィ
シャルのアジサイ（d）は1を
縁取るように隙間に滑り込ませ
て接着する。

3　プリザーブドのアジサイ（h）、
カスミソウ（i）をワイヤリン
グして（p.18参照）、メイン
の花の近くで目線が集まるとこ
ろに入れる。バスケットを持っ
たときに擦れて壊れないように
高さは抑える。プリザーブドを
使う場合は、壊れやすく、色落
ちする場合もあるので、メイン
の近くに入れて少量に留める。

4　枝物（k~m）を挿していく。
バラやマムの間に挿し込んで接
着できるように枝は長めに残す。
壊れる原因となるので高さは抑
えるが、枝のなかでは微妙に高
さの違いを出して表情を豊かに
する。

5　小さな実や花（g,n~t）を
分解してバランスよく色を散ら
して接着する。ユーカリ・ボタ
ンガム（p）は目線が行きやす
い形なのでメインの近くに接着。

6　アクセントとなるようにシャー
リーポピー（s）を3個固めて
メインとなるバラの近くにポイ
ントとして加える。枝、実も入
れていく。

7　若干鮮やかなアンティークト
ーンのウォームウッドルート
（f）も小さくカットして目立
たせずまんべんなく散らす。さ
らにアジサイ（d）も加えて、
6で入れた枝や葉の間も隙間が
ないように密に縁取る。

8　リボン（v）はループを作っ
てワイヤリング（p.18参照）。
切れ端はそのままだとほつれた
り、引っかかったりするので、
端にグルーをつけて花材の隙間
に入れ込む。

9　幅の広い茶色のリボンは3等分
してからループを作り、ボリュ
ーム感を出す。ジュートファイ
バー（u）をところどころに入
れると繊細さがアップし、バッ
グのナチュラル感が増す。完成。

木の実とベリーの
クリスマスストリング

ウッドストリングを利用したスワッグは、
リース以外のちょっと変わった
クリスマスのアイテムを求める人に人気。
おもにアーティフィシャルと
プリザーブドを使っているので
長く楽しめるのも嬉しい。

(Flower&Green)

● アーティフィシャル／a ルントスノーパイン b アスナロ c サイプレス d ジュ
　ニパー2種 e スノーウィーシダー f パイン g ウォームウッドルート h マム
　（オリジナル・ブラン）i ユーカリ（実）j 野イチゴ k レッドベリー l クラ
　ウンベリー
● プリーブド／m ヒムロスギ n クジャクヒバ o マウンテンジュニパー p ストーベ
● ドライ／t マツカサスノー（スノー）u エゾマツ（ナチュラル）v ミニツガ
　（白）w アンバーバーム4種（ナチュラル、スノー、白、ゴールド）x ポプリカ
　ップ（ナチュラル）y ボタンガムヘッド（スノー）z バクリ（ナチュラル）a' メ
　タセコイヤ（スノー）

(Material)

q 布リボン（アイボリー）r タグ s ウッドストリング（125cm）
#28 ワイヤー、コールドグルー

(How to make)

1 アーティフィシャルの葉（a〜g）を何種類か組み合わせてワイヤリングして（p.18参照）パーツを作る。パーツのボリュームに大小をつけることで、作品全体のボリュームを調整しやすい。

2 ウッドストリング（s）に1をねじって留めていく。あとから加えるプリザーブドで調整できるので、今は全体のバランスが均等になっていなくてもよい。これがベースとなる。

3 1を重ねて加え、土台となるウッドストリングにねじり留めている根元を隠す。

4 一番上は目立つので実がついている葉などポイントとなる花材を選ぶ。雪化粧している葉物は固まらないようにバランスよく加える。

5 バランスを見ながらプリザーブド（m〜p）を加えて全体を均等な太さにしていく。サイドからも見られるので、細かいパーツをベースに直接接着して補う。

6 木の実（h, t〜a'）は葉をめくって接着する。自然に実がなっているように顔は下向きにする。正面だけでなくサイドにも加える。

7 大きな実ものがすべて入った状態。まず大きい実ものを加えてから、徐々に小さいものを加えていく。

8 赤い実など目立たせたい実（i〜l）は中央寄りに、ボリュームのあるものはサイドに加えるほうがいい。斜め45度くらいの角度にも加える。

9 リボン（q）を2本用意して、1本を蝶結びにした上にもう1本でさらに蝶結びをする。2本を重ねることで雰囲気がかわいくなりすぎない。タグ（r）をスワッグに直接貼り、アクセントにして、完成。

Point

クリスマス感を演出するなら赤い実を使うのがおすすめ。赤を抑えると、ナチュラルな雰囲気になる。

CHAPTER 4

食べたくなるスイーツみたいな花飾り

「GRIS TEA PARTY（グリ ティーパーティー）」シリーズとして展開している本物
のスイーツのようなビジュアルの作品は、つい「かわいい！」という言葉が漏れてし
まうほどの愛らしさです。チョコレートや生クリームなど食べたときの味を想像しな
がら作ると、とてもおいしそうなデザインになります。

4つのショコラケーキ

まるで本物のショコラケーキのような4種のスイーツアレンジメント。
カラーフォームを使って、思わず食べたくなるように
実ものやベリーをあしらうのがポイントです。

4つのショコラケーキ

(Flower&Green)

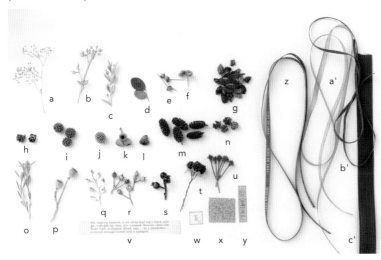

(Material)

● アーティフィシャル／ r ローズヒップ　s サンキライ　t ラズベリー　u ジプソ
　q ナチュリエミニリーフ
● プリザーブド／ a カスミソウ（ゴールド）c グニユーカリ（ゴールド）d ツゲ
　（グリーン）e リンフラワー（グリーン）o ヤングプルモッサム　p シャーリー
　ポピー
● ドライ／ b ユーカリ・エキゾチカ（ゴールド）f イモーテル（ブラウン）h ミニ
　ツガ　i ケムフルーツ　j ケムフルーツ（ゴールド）k アンバーナッツ　l ユーカ
　リの実　m ヤシャブシ　n ヒノキの実

g バークチップ　v 洋書ペーパー　w
ロゴシート（好みのもの）x コルクシー
ト　y ロゴシート（好みのもの）z
ロゴリボン（6 mm幅／好みのもの）a′
オーガンジーリボン（6 mm幅）b′ コッ
トンヤーン c′ リボン(25mm幅) d′ フ
ローラルフォーム（キナリ）e′ フロー
ラルフォーム（アーモンド）f′ フローラ
ルフォーム（チョコレート）g′ 炭化コ
ルクシート（3 cm）h′ シラカバシート
コールドグルー、ホットボンド（グルー
ガン）

(How to make : A の作り方)

1 フォームのアーモンド（e′）、
チョコレート（f′）を10cm×
3 cmで厚さ15mmにカット。キ
ナリ（d′）は、同サイズで厚さ
5 mmにカットする。アーモンド
の上にホットボンドをつける。

2 1のホットボンドをつけたアー
モンドの上に、1のチョコレー
トを重ねる。

3 2の上にホットボンドをつける。
すぐに固定したいので、ここで
は必ずホットボンドを使用する。

4 　3の上に1のキナリを重ねる。

5 　ヤシャブシ（m）を半分にカットする。

6 　5を断面を上にして4のフォームの左端にホットボンドで接着し、縦3列横3列になるようにヤシャブシを並べる。

7 　ローズヒップ（r）の実を少し茎を残してカットする。

8 　7をヤシャブシの隣に縦2列横4列に挿す。その隣にアンバーナッツ（k）を3つ配置する。

9 　アンバーナッツの横にバークチップ（g）をランダムかつ立体的になるように接着して完成。

(How to make : B の作り方)

1 　炭化コルクシート（g'）を10cm×3cmにカットする。

2 　ロゴリボン（z）を27cm程度にカットし、リボンの裏にグルーをつける。

3 　コルクシートの側面の下から5mmの位置にホットボンドをつける。ここから2のリボンを貼る。

4 リボンがしっかりコルクシート
に接着するように貼る。

5 コルクシートの面によってリボ
ンの高さが変わらないように丁
寧に貼りつける。

6 ユーカリ・エキゾチカ（b）を
先端から8cm程度にカットし、
裏側の茎にホットボンドをつけ
る。

7 6をコルクシートの表面の中心
に配置する。

8 イモーテル（f）の茎を3mm
程度にカットし、ジプソ（u）
は花で、グニューカリ（c）は
葉が4枚ついた枝で切り分ける。

9 ロゴシート（y）を1cm程度
の長さにカットし、裏にグルー
をつける。

10 7の中心にイモーテル、ケムフ
ルーツ（j）、ジプソを少し斜
めになるように挿し、周囲にグ
ニューカリを挿し込む。9もバ
ランスのいいところに斜めに配
置する。

11 ケムフルーツ（i）をロゴシー
トの背面に配置する。

12 洋書ペーパー（v）を文字一列
で3cm程度にカットして2つ折
りにしたものを、全体のバラン
スを見ながら挿し入れて完成。

(How to make : C の作り方)

1 シラカバシート（h'）を10cm×
3cmのサイズで4枚カットする。

2 フォームのキナリ（d'）を10cm
×3cmで厚さ1cmにカットする。

3 シラカバシートの2枚を幹側が
向き合うように重ねる。このと
き、グルーは使わない。

(90)

4 3の上に2のフォームをグルー
を使わずに重ね、さらにシラカ
バシートの幹側を下にして重ね
る。

5 シラカバシートの最後の1枚は、
幹側を上に重ねる。

6 コットンヤーン（b'）を5の中
心でしっかりと交差する。

7 写真のように十字結びをして、
中心を固結びをして余分なコッ
トンヤーンをカットする。

8 7の結び目近くにヤシャブシ
（m）を接着する。この作品で
はホットボンドでつける。

9 ユーカリの実（l）をリボンの
結び目の上に配置する。

10 ユーカリの実から出てきたかのように、カットしたシャーリーポピー（p）、ヒノキの実（n）、ケムフルーツ（i）、ミニツガ（h）を配置する。シャーリーポピーは茎をとっておく。

11 シャーリーポピーをさらに1輪とツゲ（d）3枚を写真のように花材の下に挿し込む。

12 ヤングプルモッサム（o）とリンフラワー（e）の先端をカットして、ユーカリの実とケムフルーツの間に挿し入れる。

13 シャーリーポピーの茎を1cm程度の長さで3本カットする。

14 13をユーカリの実の右上に挿し入れる。

15 洋書ペーパー（v）を10cmの長さでカットし、写真のように1周巻いて完成。

(How to make : D の作り方)

1 フォームのチョコレート（f'）を10cm×3cmで厚さ3cmにカットし、リボン（c'）をカラーフォームに1周巻き、少し重なる長さでカットする。

2 1のリボンの裏面にグルーをつける。

3 リボンを貼りはじめるフォームの面にホットボンドをつける。

Four chocolate cakes

4 フォームの上から5mmを開け、リボンを丁寧に貼りつける。

5 リボンを巻き終わるときは、ホットボンドでフォームにしっかり貼りつける。

6 27cmにカットしたオーガンジーリボン（a'）の裏にグルーをつけ、写真のようにリボンの上にぐるりと貼る。貼り終わったら、余分なところをカットする。

7 ロゴシート（w）の裏にグルーをつけてコルクシート（x）に貼り、一回り大きいサイズでカットする。

8 ラズベリー（t）は茎を1cm弱でカットし、萼を外す。これを3つ用意する。

9 中心にラズベリーを3つ挿し、7を立てるように挿す。

10 ナチュリエミニリーフ（q）を葉が3枚程度の枝で2つに切り分け、ラズベリーの左右にフォームに寝かすように挿し込む。

11 ヒノキの実（n）、ミニツガ（h）にグルーをつけて、ラズベリーの左側のナチュリエミニリーフの上に配置する。

12 オーガンジーリボンを1cm程度にカットしたものを8つ用意し、リボンは二つ折りにして端にグルーをつける。

13 12をラズベリーの後ろ側にリボンの輪が外を向くように配置し、前のラズベリーの下側にも貼りつける。

14 残りのリボンを写真のように配置し、ロゴリボン（z）も同様にカットして1つ貼りつける。

15 ラズベリーの右側、ロゴシートの前に実でカットしたサンキライ（s）を3つ挿して完成。

(92)

小さなお菓子のアレンジ

ひと口で食べたくなるおいしそうな見た目と
愛らしいサイズが魅力の「グリ ティーパーティー」シリーズの
プチガトー。作る楽しみも選ぶ楽しみもあります。
とても小さいので、他の作品を制作したあとの端材も活用できます。
使用する花材が多くなく、アレンジが効かせやすい7点を紹介。
暖色系の花材を使い、おいしそうなお菓子を作りましょう。

ショートケーキ

(How to make)

(Flower&Green)
- アーティフィシャル／ノイチゴ（ミニ）、サンキライ、ミモザ、フォイルベリー
- ドライ／ピンキーボタン、ニゲラオリエンタリス

(Material)
フローラルフォーム（ホワイト）、リボン、コルクシート、タグ、コールドグルー

1 フォームを三角柱にカットし、ホールケーキの1ピースのイメージで、側面に丸みをつける。角があると欠けやすいので丸く整える。

2 側面にリボンを接着してクリームに見立て、底にコルクシートをケーキの大きさにカットして接着し、花材をあしらう。

ホワイトテリーヌ

(How to make)

(Flower&Green)
- ドライ／オールスパイス

(Material)
フローラルフォーム（ホワイト）、リボン、コルクシート、コールドグルー

1 フォームを半月型にカットし、フォーム同士で擦って滑らかにする。側面にコルクシートを貼る。

2 1にリボンを貼り、オールスパイスを一定間隔で接着する。オールスパイスの粒は小さめで揃っていると仕上がりがきれい。

パンケーキ

(How to make)

(Flower&Green)
- アーティフィシャル／シュガーベリー
- ドライ／ユーカリ、フラワーコーン、カスミソウ、クリスパム、ハートリーフ

(Material)
シラカバシート、パール、リボン2種、コールドグルー

1 シラカバシートを直径3cmの円に9枚カットする。白っぽい花材を載せるのでシラカバの表面が白いものを選ぶこと。シラカバを重ねてリボンを十字がけする。

2 中央に花材を接着する。パールや光沢のある素材を合わせることで、女性らしいエレガントな雰囲気に。もう1種のリボンは一端を中央に接着し、垂らして完成。

ミルフィーユ

(Flower&Green)

● アーティフィシャル／クラウンベリー
● ドライ／カネラ（レッド）、シャーリーポピー、モナルダ（茎）、ピンキーボタン、リンフラワー、インディアンコーン、ティーリーフ、シナモン、ムタンバナッツ

(Material)

フローラルフォーム（ホワイト）、シラカバシート、タグ、洋書ペーパー、コットンヤーン

(How to make)

1 シラカバを3cm角にカットし、6枚用意する。クリームをイメージしたフォームをシラカバに合わせてカットして、シラカバ3枚ずつで挟む。

2 1にリボンを十字がけし、上に花材を配置する。たくさんのせすぎないのが、きれいに完成させるポイント。

マカロン

(Flower&Green)

● アーティフィシャル／ミモザ、アキレア、ブルーベリー、コレオプシス
● ドライ／リンフラワー

(Material)

フローラルフォーム（ホワイト）、タグ、洋書ペーパー、コールドグルー

(How to make)

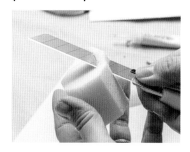

1 4cm角にフォームをカットし、角をとって丸くしていく。最終的に直径3.5cmほどの球体になる。

2 フォーム同士をこすり、滑らかな表面にする。マカロンらしい平たい楕円体のような形に整える。

3 花材を入れる口を作り、口を塞ぐように花材を接着していく。口からこぼれるほど花材を入れないこと。

ガトーショコラ

(Flower&Green)
- ●アーティフィシャル／ミニツガアート、ラズベリー
- ●ドライ／カネラ、オールスパイス、コニファー'ブルーアイス'、ヒノキ（実）、プッカポット、ユーカリ

(Material)
炭化コルクシート、リボン2種、コールドグルー

(How to make)

1　炭化コルクシートを3cm角にカットする。

2　同系色のリボンを並べて貼りつけ、トップに花材をのせていく。リボンの文字が隠れてしまわないように調整する。

シャルロット

(Flower&Green)
- ●アーティフィシャル／ノイチゴ（ミニ）、ミニツガアート、ミモザ、ニュアンスベリー
- ●ドライ／リンフラワー、ピンキーボタン、アキレア、ストーベ、インディアンコーン

(Material)
フローラルフォーム（ホワイト）、コルクシート、リボン、タグ、コールドグルー

(How to make)

1　コルクシートを写真のような形に10〜15枚ほどカットする。

2　直径4cm程度のドーム型に整えたフォームに1を1周接着し、リボンを巻く。

3　ノイチゴを中心に、その他の花材を周りにあしらって完成。

シャビーシックな
ホワイトデコレーションケーキ

4段に重ねたデコレーションケーキは、レースリボンやパールを
クリームに見立てたデザインに。
白、ベージュ、クリーム色とさまざまなホワイトを混ぜ、
ドームにもアレンジをして高級感と繊細さを演出しています。

シャビーシックなホワイトデコレーションケーキ

(Flower&Green)

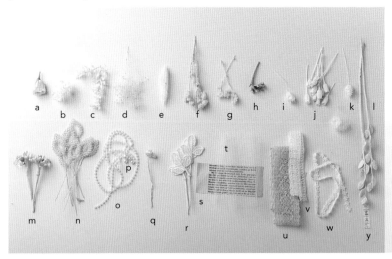

(Material)

- ●プリザーブド／a バラ（ピュアホワイト）b アジサイ（白）c ラスカス（オフホワイト）d カスミソウ（白）
- ●ドライ／e テールリード（白）f フレンチフィリカ（白）g イモーテル（白）h アンバーリーフ実付き（白）i フーセンポピー（白）j フロレンティーナ（白）k ポアプランツ（白）l フィビキア（白）

m クリスタル　n パールリーフ　o チェーンパール80cm　p パールビーズ（大1・小3）q クラフトフラワーピック（ホワイト）r クラフトリーフ　s 洋書ペーパー　t チュール 15cm×15cm（ホワイト）u コットンレースリボン40mm幅（生成り）60cm　v コットンレースリボン 20mm幅（ホワイト）50cm　w フラワーリボン 5mm幅（ホワイト）50cm　x ジュートファイバー（ホワイト）y ロゴシート（好みのもの）z フローラルフォーム（ホワイト）a' ガラスドーム φ12cm 22.5cm b' 板 14mm×14mm
コールドグルー、#26ワイヤー、#28ワイヤー（ホワイト）、ホットボンド（グルーガン）、カッター、ハサミ、ワイヤー用ハサミ（ペンチ）、竹串

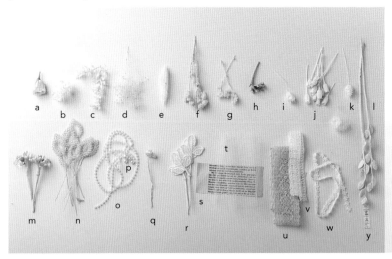

（98）

(How to make)

1 フォームを10cm×10cm×4.5cm、8cm×8cm×3cm、6.5cm×6.5cm×3cm、5cm×5cm×3cmのサイズにカッターでカットする。サイズは厳密でなくても、4つに差があることが大事。

2 1の4つの角をカッターで落とす。

3 余っているフォームで2の角をこすって削り、円柱形に整える。

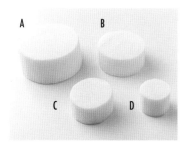

4 デコレーションケーキの土台が
完成。A φ9.5cm 高さ4.5cm、
B φ7cm 高さ3cm、C φ5.5cm
高さ3cm、D φ4cm 高さ3cm。

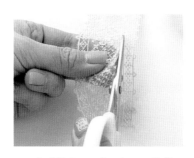

5 生成りのコットンレースリボン
（u）をAとCの周囲に合わせ
てカットし、リボンの端をカッ
トする。カットした細いリボン
も後から使用するのでとってお
く。

6 5の裏面にグルーをつけ、5で
カットした側をAのフォームの
底に合わせて側面に貼る。貼り
終わった部分が剥がれないよう
にグルーを再度つける。

7 Cの高さより5のリボンの幅が広いので、Cに巻きつけて、リボンが飛
び出した部分をカットする。このカットしたリボンもとっておく。

8 4つのフォームをAからDの順
に重ねる。中心が揃うようにし、
AとCのリボンの端も揃えて重
ねる。

9 8の中心にワイヤーをフォーム
を動かさないようにして、まっ
すぐに挿し込む。フォームの高
さに合わせてワイヤーをカット
する。

10 バラ（a）の首元を写真のよう
に斜めにカットする。

11 フォームの正面がわかるように
10を斜め45度の角度で中心に配
置する。

12 Aのフォームの縁にホットボンドを1cm程度つけ乾かないように、すぐにチェーンパール（o）を貼りつける。このまま少しずつAの縁にチェーンパールを接着する。

13 12と同様に、BとCのフォームの縁にもチェーンパールを貼りつける。

14 パールリーフ（n）をBの周囲を囲むように、側面のフォームに等間隔で挿す。

15 フロレンティーナ（j）を茎を1cm程度残してカットし、14の間に1輪ずつ挿す。

16 クリスタル（m）のワイヤー部分をカットし、パーツをバラバラにする。

17 16のパーツのパールホワイトの粒を15のフロレンティーナの間に挿す。

18 クラフトリーフ（r）を写真の左のように葉を1枚ずつにカットする。

19 18の裏にグルーをつけて、一番上のDのフォームの側面に貼っていく。隣り合う葉が少し重なるくらいの間隔で貼る。

20 フィビキア（l）の葉を1枚ずつ外す。葉を外した茎は後で使用するのでとっておく。

21 フィビキアをCのフォームの側面のレースの模様の花の間に挿していく。

22 フレンチフィリカ（f）の花を茎を5mm程度残して切り分ける。

23 ラスカス（c）の葉を1枚ずつ切り分ける。

24 22をCのフィビキアの間に、23をDの側面のクラフトリーフの間に、ピンセットなどで葉先が一定の向きになるように挿す。

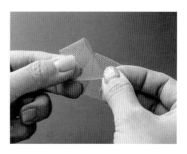

25 チュール（t）を2cm幅に15cmの長さで5本カットし、半分に折り1.5cmの長さの蛇腹に折る。

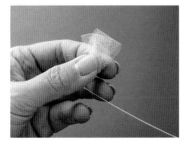

26 25を根本を絞り、#28ワイヤーでワイヤリングする（p.18参照）。

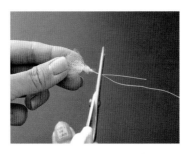

27 26のワイヤーを5mm程度の長さにカットする。

28 アジサイ（b）とカスミソウ（d）も花をまとめるように根本をワイヤリングしてピック状にする。

(101)

29 チュールを5本、カスミソウを4本、アジサイを2本のピックを用意する。

30 正面のバラの横にポアプランツ（k）を斜めに挿し、後ろにカスミソウのピックを2本挿す。

31 アンバーリーフ（h）の実をカットして、バラとポアプランツの間に挿し、16で切り分けたクリスタルの透明なパーツをバラの左側に挿す。

32 クラフトフラワーピック（q）をアンバーリーフとクリスタルの隣に挿す。カスミソウの後ろにチュールのピック2本を挿し、その隣に先端部分をカットしたテールリード（e）を竹串で挿す。

33 フィビキアのシルバーがかった茎を3cm、3本にカットする。

34 33をポアプランツとカスミソウの間に、ホワイトチョコレートのようにバランスよく挿す。

（102）

35 フラワーリボン（w）を7cm3本、4cm1本にカットする。7cmの1本をアンバーリーフの実の下にリボンの端が目立たないように挿し込む。

36 35のリボンをＣのフォームで一度ねじり、ふくらみを出して好みの長さでフォームに貼りつける。

37 36のリボンの下に、7cmのリボンの2本めを貼りつけ、先ほどと同様にふくらみを出し、好みの場所に貼りつける。最後の1本も同様にし、3本のリボンが1本に見え、かつ動きがあるように貼りつける。

38 4cmのフラワーリボンは二つ折りにして切り口にグルーをつけて、35のリボンの隣に輪を外に向けて貼る。

39 5や7でカットしたレースリボンの端をポアプランツの下に挿し込む。

40 垂らしたレースを写真のようにくるくるとねじり、Ｃのフォームの上面につける。これでケーキのアレンジメントは完成。

41 コットンレースリボン（v）の裏の中心にグルーをつけ、ガラスドームの縁に貼る。リボンを貼り合わせるところは、グルーを追加して接着する。

42 ジュートファイバー（x）を手で広げ、ガラスドームの頂点にグルーをつけてから、のせる。

43 花首でカットしたフーセンポピー（i）にホットボンドをつけ、ジュートファイバーの上に斜めの角度で接着する。ジュートファイバーの上に花材を配していく。

44 テールリード（e）の先端部分を2つに切り分け、フーセンポピーの下に挿し入れる。その後ろにチュールのピックを2つのせる。

45 カスミソウのピックをフーセンポピーの後ろに、アジサイのピックを前に貼りつける。

46 カスミソウの後ろにパールリーフ（n）を横にし、アジサイの後ろにカスミソウを入れ、フーセンポピーの右横に18のクラフトリーフとクラフトフラワーピック（q）の花1輪を接着する。

（103）

47 チュールのピックをアジサイの後ろにさらに足し、クッション材にする。

48 47のチュールの後ろにさらにアジサイのピック、クラフトリーフの前にはクリスパム（g）に接着する。

49 チェーンパールの残りを丸めてグルーをつける。

50 手前のアジサイの後ろに、アンバーリーフの実（h）、フロレンティーナ（j）2輪、49を接着する。

51 チェーンパールをもうひとつ作り、50の後ろに入れ、クラフトフラワーピックの花の前に16のクリスタルの透明のパーツを接着する。

52 パールビーズにグルーをつけて、クリスタルに貼りつける。

  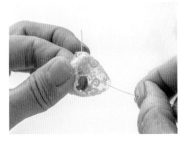

53 残っているフラワーリボンを2重にして2、3cmの輪を作り、中心を#28ワイヤーでワイヤリングして（p.18参照）ピック状にする。レースリボンの端のリボンも同様にワイヤリングしてピック状にする。

54 レースリボンの残りを丸めてグルーで貼りワイヤリングしてピック状にする（リボンの量によりピックは2つ作ってもいい）。

55 長いリボンのピック2本はチェーンパールの下に挿し込む。幅広のリボンのピックはその後ろに入れる。

56 洋書ペーパー（s）を1行の文章でカットして、5、6cmの長さにし、二つ折りにしてアンバーリーフの実の周りに、ふくらみを持たせて挿し入れる。

57 ガラスドームの正面より左の位置に、タグをグルーで貼り完成。

CHAPTER 5

インテリアとして楽しむ花飾り

日常的に使うライトやミラー、デスクに置くオブジェなど、日々の暮らしのなかで楽しめるものを集めました。アーティフィシャルをメインにすることで耐久性があり、使っていくうちに愛着が沸くアイテムに。シンプルなインテリア雑貨を好みのテイストにアレンジしてみましょう。

ナチュラルアースカラーのミラー

ミラーを飾るのは、さまざまなインテリアになじみやすいアースカラーのアレンジメント。
ミラーに植物たちが映り込む、立体的なデザインです。

(Flower&Green)

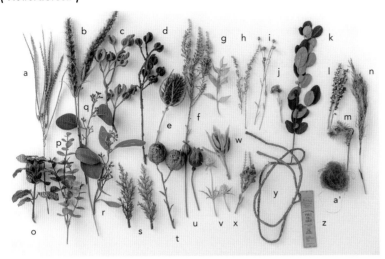

(Material)

● アーティフィシャル／a グレビレア b フォックステール　c カンガルーポー d カンガルーポー　e アザミ　o ミント　p ユーカリ　q,r ユーカリ・ポポラス　s パンパスグラス　t クルミ　u フーセンポピー　v アザミ　w リューカデンドロン　x バーゼリア　y バイン
● プリザーブド／f ストーベ（グリーン）g ラスカス（グリーン）h ストーベ（ライトグリーン）i リンフラワー（グリーン）k ハギ（グリーン）
● ドライ／j イモーテル　l インディアンコーン　m アザミ　n コアラファーン

z ロゴシート（好みのもの）a' ジュートファイバー（モスグリーン）b' イーゼル付ミラー（ミラー28cm×23cm　イーゼル 40cm×25cm×2.5cm）c' フローラルフォーム（グレー）

コールドグルー、ホットボンド（グルーガン）、カッター、ハサミ、#26、28ワイヤー（グリーン）、竹串

(How to make)

1 フォーム（c'）は、6 cm×4 cm×2 cmのサイズで2つカットし、表側にするフォームの4つ角をカッターなどで切り落として面取りする。

2 イーゼルを立てて、ミラーをセットする。実際に使用する状態で花材を挿すことで、仕上がりがイメージ通りになる。

3 1の裏面にホットボンドを全体につけ、ミラーの左下、右上に接着する。

4 左下のフォームから作っていく。フォックステール（b）の穂がミラー中央を向くようにフォームの上面左側に挿す。

5 4の隣に1/2の高さで、ユーカリ（p）を挿し、隣にアザミ（e）を低く、花が右上を向くように挿す。

6 クルミ（t）の茎を短くカットする。首元の茎がやわらかければ、#26ワイヤー（グリーン）で首元をくるくると巻いて補強し、ピック状にする。

7 フォームの側面にミントを挿し、その隣に実が少し上を向くように6のクルミを挿す。

8 バイン（y）を13cmにカットし、丸みをつけて、両端にグルーをつける。

9 8をフォームの側面に写真のように斜めに配し、両端を挿し込む。

10 上部のフォームを作っていく。バーゼリア（x）を側面の中央に左を向くように挿し、その下にクルミを挿す。クルミは首元の茎がやわらかければ、6と同様に補強する。

11 フーセンポピー（u）をバーゼリアの左隣に挿し、半分にカットしたユーカリとパンパスグラス（s）で囲む。ユーカリは長めにする。

12 11のユーカリが短い場合は、#28ワイヤー（グリーン）で茎をワイヤリングし（p.18参照）、長さを出してから挿す。

13 ここまで挿したところ。ミラーに映り込む姿も意識して挿していくとよい。

14 フォックステールの穂を丸めて、#28ワイヤー（グリーン）で留め、茎を2、3cmにカットする。

15 14をアザミの下に穂の輪が右前に飛び出すように挿す。

16 ユーカリ・ポポラス（q）、（r）の葉を5枚程度、枝から外す。そのままだと挿す茎が短いので、#28ワイヤー（グリーン）を突き刺しピック状にする。

17 バイン（y）を20cm程度の長さに5、6本カットし、丸めたりねじったりして自然な動きをつける。バインは動きがあったほうがナチュラルになる。

18 16の葉を上下のフォームの外周に挿しこむ。17のバインも上下のフォームの花材のなかに片方のみ挿して、自然な動きが出るようにする。

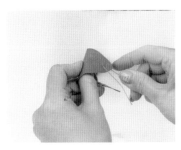

19 より複雑な雰囲気にするため、ユーカリ・ポポラスの葉に#28ワイヤーを突き刺し、先端を丸めワイヤリングする（p.18参照）。

20 19のポポラスを下のフォームの外周に挿し、長めにカットしたカンガルーポー（c,d）を高低差を出して挿す。上のフォームにはミント、16のポポラスのピック、ポポラスの実がついた枝、カンガルーポーなどを挿す。

21 グレビレア（a）は葉を丸めて、#28ワイヤー（グリーン）で14のフォックステールのようにピック状にする。これを4つ作る。

22 21を全体のバランスを見ながら、上下のフォームに挿す。ワイヤーで茎を伸ばしたアザミ（e）も挿す。

23 ハギ（k）の先端と枝をカットし、上のフォームのカンガルーポーの下に寝かすように挿し込む。

24 線が細いものやドライの繊細な花材を最後に挿して仕上げる。ストーベ（f）を枝から外し、茎にワイヤリングして（p.18参照）ピック状にする。ラスカス（g）、コアラファーン（n）、イモーテル（j）も同様にする。

25 インディアンコーン（l）、リンフラワー（i）も枝から切り分ける。

26 24と25で用意した花材を上下のフォームに挿す。いずれも繊細な花材なので、外側ではなく内側のアーティフィシャルの隣などに挿していく。

27 ジュートファイバー（a'）を手でもみほぐし細かく分けて、グルーをつける。

28 フォームとミラーが接している部分の隙間やフォームが見える部分に27を竹串を使って入れる。

29 上側のフォームの上面は特に目につくところなので、丁寧に仕上げる。全体を見ながら、花材の向きなども整える。

30 ロゴシート（z）の裏にグルーをつけて、ミラーの右下に貼って完成。

Point

左 / アーティフィシャルを最初に挿して大枠を作り、プリザーブドやドライで繊細さやラインを出し、深みを出していく。アースカラーのアーティフィシャルは、インテリアに馴染みやすく、日常に溶け込みやすい。

右 / 完成品をサイドから見たところ。立体感が自然植生のような仕上がりに。

ローズピンクの
クラシカルフライングリース

吊るして楽しめるフライングリースは、
アンティークカラーの深いピンクや赤を中心に
大人っぽいインテリアにマッチする花材をセレクト。
ペンダントライトと合わせれば、
ランプシェードとしても楽しめます。

ローズピンクのクラシカルフライングリース

(Flower&Green)

(Material)

●アーティフィシャル／a マム（バーガンディー）b マム（オリジナル・ローズ）
c スカビオサ d バラ e バラの葉 f バラ g,h アザミ i アジサイ（ココアモーブ）j リモニウム k ナチュリエミニリーフ l ニゲラの実 m パティナベリー
v スカビオサのつぼみ w,x バラ y サンキライ
●プリザーブド／n アジサイ（ワインレッド）o アジサイ（オレガノピンク）
●ドライ／p ラスカス（ピンクベージュ）q クリスパム（ピンクベージュ）r テールリード（ワインレッド）s ニゲラ・オリエンタリス（ウォッシュホワイト）
t シャーリーポピー（ウォッシュホワイト）u ラグラス（ナチュラルピンク）

z リボン 35mm幅 200cm a' リースベース（φ20cm）b' ソケット付きペンダントライト c' リーススタンド
コールドグルー、ホットボンド（グルーガン）、#28ワイヤー（ブラウン）、#28ワイヤー（グリーン）

(How to make)

1 リボン（z）の端から3cmの中心部に#28ワイヤー（ブラウン）を突き刺す。

2 1のワイヤーでワイヤリングする（p.18参照）。リボンの反対の端も同様にワイヤリングする。

3 もう1本のリボンも同様にワイヤリングする。

4 リースベース（a'）に3のリボンのワイヤーをくるくると巻きつけ、ワイヤーの先端はリースベースのなかに挿し込む。

5 4と180度の位置にリボンの反対側の端をリースベースに結び、このリボンと十字になる位置にもう1本のリボンのワイヤーを4と同様に巻いて固定する。

6 リボンを先端で持ち、上から15cm程度の場所を手で握る。

(113)

7 6で握った場所に#28ワイヤーをかけ、ねじって留める。

8 7でまとめた部分に結び目にもう1本のリボンをかける。

9 8のリボンで蝶結びをする。

10 リボンの上部をリーススタンド（c'）にかけて、制作する。吊ることで、リースの下部分もきれいに仕上げることができる。

11 マム（a）3本を首元でカットして#28ワイヤー（グリーン）でワイヤリングする。

12 リースベースのリボンを結んでいるところの下に、11を1本挿す。

13 12の隣に、マム（b）を挿す。

14 マム（a）の隣にアザミ（h）を挿す。この面をA面とする。

15 リースを回して、A面から120度の位置に2色のマムとアザミを同様に挿す。これをB面とする。さらに120度の位置にも同様に3種を挿して、C面とする。

16 アジサイ（i）とアジサイ（n）をそれぞれ3つに切り分ける。

17 A、B、Cのそれぞれの面のアザミの隣に16を挿す。

18 それぞれの面のアジサイ（n）の隣に、バラ（d）を挿す。アザミとマムの間に下向きにニゲラの実（l）を挿す。

19 18を上から見たところ。このあとも3面が、花材は異なってもそれぞれ同じくらいのボリュームになるようにする。

20 バラ（x）とバラ（f）を花首でカットし、ホットボンドを茎につける。

21 20をA面のマム（b）の隣に挿す。この位置をリースのメインとする。3面でボリューム感は均等にするが、メインのバラの周りは引き立てるようにする。

22 21の下にリモニウム（j）を垂れるようにリースベースの蔓に挿し込む。

23 21のバラの後ろ側にバラの葉を写真のように挿し込む。

24 B面、C面にはマム（b）の隣にバラ（d）を1輪挿し、リモニウム（j）、バラの葉（e）を1枚程度挿す。リモニウムはそれぞれの面で三角形になるように配置するのがコツ。

25 3面のマム2輪の隣にアジサイ（i）を上側に挿し、マム（a）の下にアジサイ（n）（o）を挿す。A面のアジサイ（i）の上にスカビオサ（c）を挿す。

26 小さいアザミ（g）、ニゲラ・オリエンタリス（s）などをリースの上面から側面に挿す。ナチュリエミニリーフ（k）、テールリード（r）などはリースから垂れるように下向きに挿す。特にリモニウム（j）、ラグラス（u）は側面の表情を出すように挿す。

27 サンキライ（y）を適度な長さにカットしたパーツをいくつも用意する。ツルを曲げたり、実をぎゅっと集めたりする。

28 サンキライはアーティフィシャルのアジサイの上や横などに挿し、動きを出して仕上げる。1本のほとんどを使い切る。最後にプリザーブドのクリスパム（q）、シャーリーポピー（t）、パティナベリー（m）を全体を見ながら挿して完成。

Point

完成したリースを上から見たところ。最初に挿した花の上や横などにたくさんの花材が入っているのがわかる。リース全体の仕上げでは、下向きより上と側面に花を入れる。下には入れすぎないこと。

ペンダントライトのコードにS字フックを引っ掛けて照明にも。LED電球を使えば安全。花材の透け感が美しい。

パープルベージュのアンティークバードケージ

パープル×ベージュでアンニュイカラーのエレガントなイメージの花材と
アンティーク加工されたグレイッシュなバードケージを使ったアレンジメント。
バードケージは置いたり、ぶら下げたり、さまざまな飾り方を楽しめます。

(116)

(Flower&Green)

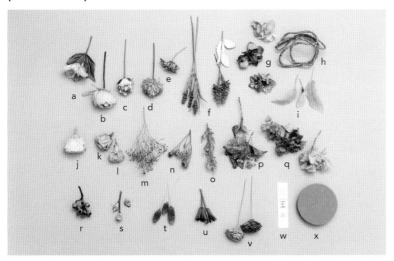

- ●アーティフィシャル／a クリスマスローズ b ピオニー c バラ d マム（ベージュ）e ランタナ f ラベンダー2種 g アジサイ3種（パープルグリーン、グリーンパープル、グリーン）h ツイッグ i ラムズイヤー
- ●プリザーブド／j カップ咲きバラ（ピンクベージュ）k バラ（スウィートライラック）l カーネーション（スウィートライラック）m カスミソウ（パウダーパープル）p アイビー（パープル）q アジサイ3種（ナチュラルグリーン、ナチュラルピンク、ベージュ）
- ●ドライ／n スターチス（パープル）o ストーベ（ウォッシュホワイト）r 丸粒ユーカリブランチ s ユーカリ・グロボラス t ポアプランツ（クラシックパープル）u ニゲラオリエンタリス（パープルグリーン）v ソーラーローズ（シャンパン、ワインレッド）

(Material)

w タグ（好みのもの）x フローラルフォーム（Ø8.5cm）
#26ワイヤー、コールドグルー、バードケージ（Ø12×H28cm）

(How to make)

1 フローラルフォームは、ケージの底に合うように丸くカットしてグルーで接着する。主役のプリザーブドのバラ（j,k）は顔が正面を向くように斜めに挿す。

2 アジサイ（q）、ソーラーローズ（v）はケージから溢れるように挿す。ラベンダー（f）のような高さのある花材は後方から前に向かって高低差をつけてところどころに挿す。

3 あまり見えない作品の背面は、アーティフィシャルのアジサイ（g）でカバーして、フォームを埋めていく。

4 ケージの外に花材を接着する。ラムズイヤー（i）をケージに接着して隙間を埋める。葉脈は接着しやすくするためにあらかじめ取り除いておく。

5 4の上に花材を接着していく。ケージ内で使った花材と見比べて、バランスよく花材を選び、ここからはケージのなかと外を同時進行で進めていく。

6 ケージの外に接着するのは壊れにくいアーティフィシャルのみ。グレイッシュな葉もゲージのなかと外にバランスよく加える。

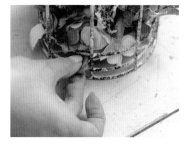

（118）　**7** ケージのなかと外に花材が大体入った様子。外の花材は下に溢れ落ちるように配置する。

8 ケージのなかの花は横から見ると、ドーム状になることを意識して花材を挿す。

9 クリスマスローズの葉（a）を丸めてワイヤリングして（p.18参照）足元を埋めていく。葉を丸めることで面が大きくなり、空間を埋めやすくなる。

10 タグ（w）の裏面にカットしたワイヤーを貼りつけて、フォームに挿す。ツイッグ（h）をブドウの蔓のようなイメージで自然に曲げて、ケージの上下の花材をつなぐように接着して、完成。

アーリースプリングのランタンアレンジ

細かくカットした葉物、濃淡のある黄色の小花など、
たくさんの花材を調合してできあがるのは、ランタンのなかに閉じ込めた小さな庭。
ライトをつけると見え方も変化します。
つい覗き込みたくなるような早春の小さなガーデンです。

アーリースプリングのランタンアレンジ

(Flower&Green)

- ●アーティフィシャル／a マム（ライトグリーン）b アストランティア　c デイジー　d カランコエ　e ブプレリウム2種　f モスピック　g セラジリア　h サイプレス　i アンティークファーン　j スプリングリーフ
- ●プリザーブド／k マム（グリーン）p カスミソウ（エンジェルグリーン）q ルスカス（ライムグリーン）r フィンランドモス
- ●ドライ／l ハニーテール（エンジェルグリーン）m モナルダ（グリーン）n ボタンフラワー（グリーン）o ピーコックグラス（グリーン）s イモーテル（イエロー）t クリスパム2種（グリーン、エンジェルイエロー）u フローレンティア（イエロー）v スターフラワー（イエロー）w ジュートファイバー（モスグリーン）

(Material)

x タグ（好みのもの）
#28ワイヤー、コールドグルー、ランタン w18×h32cm

(How to make)

1 ライトの足元にジュートファイバー（w）をコールドグルーで接着して、あとから加える花材が接着しやすくする。

2 ライトの背面にタグを貼りつける。面積が大きいマム（k）、サイプレス（h）など、土台となる花材を接着していく。完成形は春のガーデンのイメージなので、芝生のようにアーティフィシャルの葉物を貼る。

3 ライトの近くの花材は明かりを点けたときに目立つので、マム（a）、ブプレリウム（e）など高さのある花材を加える。背面に貼ったタグを高さの基準にするとよい。

4 背面や斜め45°の角度に花材を加える。背面はあまりボリュームがない花材で丸く形を整える。接着が弱く感じる花材は支えるように葉物を加えるとしっかりする。

5 ランタンのガラスを被せて、きちんと収まるか確認する。ガラスの形に沿うような丸みを意識する。

6 春らしい雰囲気にしたいので、前面に黄色い花をメインに使い、背面にいくにつれて黄緑色につながるように花材を挿していく。

7 途中の様子。目立たせたい花をライトの近くに持っていく。直接電球の明かりを見せたくないので花材越しに明かりが見えるように調整する。

8 1でジュートファイバーを接着したが、プリザーブドのモス（r）を加えるとより自然な印象になる。ランタンの内側が完成したらガラスを被せておく。

9 ランタンの表面にも花材を接着していくが、ランタンの内側がメインなので、ワンポイントに留める。ジュートファイバーを土台にして中央だけ少し高さをつけて、垂れ下がるように接着すれば、完成。

（121）

ランタンのライトを灯したところ。ふわふわした質感の花材を使うことで、ライトを点けたときにガラス越しに見ると幻想的な雰囲気がアップする。

スズランとナルシスの
スタンドライト

春の訪れを告げるスズランとナルシス（スイセン）の
白グリーンの爽やかなスタンドライト。
シェードのふちまでたっぷり花材をつけると、
ライトがついたときに白い花材が透けた様子が幻想的。

(Flower&Green)

- アーティフィシャル／a ガーベラ b スカビオサ c ビオラ d スズラン e ナルシス f ミモザ g マム h ニシキギ i パティナベリー j サンキライ k アカシア l ネイチャーファーン m アリウム n アジサイ
- プリザーブド／o マム（白）p アジサイ2種（オフホワイト、クリアグリーン）
- ドライ／q ラグラス（グリーン）r ジュートファイバー（ホワイト）

(Material)

s タグ（好みのもの）t オーガンジーリボン
コットンリボン、スタンドライト w13×d13×h40㎝、#28ワイヤー、コールドグルー、ホットボンド（グルーガン）

(How to make)

1 スズラン（d）とナルシス（e）をスタンドライトの支柱にワイヤーで巻き留めて固定する。ライトが点いたときに顔が正面になるように気をつける。ワイヤーを隠すようにオーガンジーリボン（t）を蝶結びする。タグも支柱につける。

2 大きい花材からシェードに接着する。接着しやすくするためコットンリボンを土台にして、はみ出るくらいに配置する。アリウム（m）は半分にカットし、ガーベラ（a）、マム（g）は花の部分だけ使い、ホットボンドで留める。シェード全体に花材をつけないワンサイドなので回り込むように加えて立体的に見せる。

3 プリザーブドのマム（o）は目立たせたいので、作品の中心となる部分に貼りつける。

4 シェードの縁は、ライトが点いたときにきれいに見えるように花材を垂れ下がるように加える。シェードにプリザーブドが直につくと、色が移ることあるので細かくカットしたアーティフィシャルのアジサイ（n）を敷く。

5 サンキライ（j）の黒い色で全体を引き締める。まとめて差し色として加えると大人っぽい印象になる。

6 支柱に、花の中央に黒い色が差すビオラ（c）を加えて、5でシェードに加えた実ものとのバランスをとる。

7 スズラン（d）は目立たせたいので正面に見えるように加える。

8 シェードに使った花材とのバランスをみて支柱の花材を加える。シェードと支柱が別物にならないように気をつける。

9 斑入りの葉が入ると爽やかな印象になる。ジュートファイバー（r）を最後に加えて、完成。

ランプを点灯したところ。シルエットの美しさも意識して。

おわりに

この度は私の本を手にしていただき、本当にありがとうございます。
この本を手に取ってくださった方はきっと、細かな作業を要する手芸や、ものづくりが好きだと思います。アーティフィシャルやプリザーブドで作った作品は、長く楽しめるため、一年中使うことも、季節によって飾るものを変えることもできますので、ぜひたくさんの作品を生み出して生活に取り入れてください。自分の作った大好きな作品を、日々の生活で目にして、元気になったり、穏やかな気持ちや楽しい気分になってもらえたら、とてもうれしいです。

自分のために作ったあと、次のステップとして誰かに贈るギフトとしても作ってみてください。私がデザインを考えるとき、その先には必ず人がいます。それは作品をフルオーダーしてくださるお客様だったり、レッスンの生徒さんだったり。その人のこと、その人が喜ぶ顔を考えることで、新しいデザインが生まれてくるのです。誰かを想って作ること、気軽に小さなギフトを贈り合うこと、それがアーティフィシャルとはいえ、花の魅力が伝わるきっかけになると思っています。そしていずれは、生花にも興味を持ってもらうことで、花を飾り、贈る文化が今よりも広がることを願っています。
VERT DE GRISとして活動をはじめて18年。たくさんのワクワクを感じながら、私のお花を求めてくださる方に今、自分ができる最善を！ という想いで日々過ごしてきました。お越しくださるレッスンの生徒さんやお客様に育てられ、今の技術、デザイン、コーディネート力を培うことができたと感謝しています。
そして、私の生み出すものをしっかり支えてくれるスタッフたち。みんなに支えられ、たくさんのデザインや作品を、形にして世に出すことができています。
本当にありがとう。
そして、今回本という形で私の作品をまとめてくださったフローリスト編集部の皆さま、前担当の玉井さん、私の想いを形にしてくださった編集の櫻井さん、カメラマンのタケダさんと高見さん、デザイナーの三上さん、そして一番そばでいつも支えてくれているVERT DE GRISのGM石橋くん、本当に本当にありがとう。

VERT DE GRIS 古川さやか

VERT DE GRIS について

ヴェール デ グリ
VERT DE GRISには、京都府木津川市にある京都本店 LABO（ラボ）とカフェPUMP（ポンプ）があります。

LABOではアーティフィシャルやプリザーブドのオリジナル作品、生花、インテリア雑貨の販売、レッスンを行なっています。

作品作りをしたい人のために、アーティフィシャル、プリザーブド、

ドライの花材を少量から購入できるように取り揃えています。

LABOから少し奈良寄りの場所にあるPUMPは、かつては水道局として使われていた建物をリノベーションした空間です。

店内中央にある大きなポンプが象徴的な存在になっています。

不定期営業ですが、カフェとして営業し、レッスン前後にランチやティータイムをお楽しみいただけます。

VERT DE GRISセレクトの雑貨やアクセサリーなども販売しています。

どちらもVERT DE GRISの世界観を楽しめる空間です。ぜひ遊びに来てください。

左上 / PUMPの外に掲げたブリキの看板。
左下 / LABOのエントランスすぐのスペース。ブルックリン風のディスプレイがお出迎え。ボタニカルでナチュラルな雰囲気。
中 / 店内には色や作風ごとに作品と雑貨類をディスプレイ。写真はシャビーシックのコーナー。
　　 販売している商品だけでなく、オーダーの見本としての商品もたくさん並んでいる。
右 / 色の調合室のようなLABO奥のスペースには、たくさんの花材がいっぱい。色の調合を考えながら、選ぶことができる。
下 / 2021年に増設した2階には、広々としたレッスンスペースがある。

(SHOP DATA)

VERT DE GRIS 京都本店 LABO
京都府木津川市坂ヘラ坂44- 2
TEL&FAX / 0774-71-3515
OPEN / 木〜土曜日（第５週は休み）
営業時間 / 10:00 〜 17:00
駐車場 / あり（15台）

VERT DE GRIS PUMP
京都府木津川市坂高座12-10
OPEN / 不定（営業日はHPにてご確認ください）
営業時間 / 12:00〜17:00

http://vertdegris.jp/

上 / 野趣あふれるPUMPは、枕木の階段を登った先にある。
下 / PUMPの店内。LABOで取り扱っていないインテリア雑貨なども豊富。

古川さやか（ Sayaka Furukawa ）

石川県金沢市出身。京都造形芸術短期大学（現・京都芸術大学）ビジュアルデザイン科卒業。ディスプレイ会社、花屋で経験を積み、2005年VERT DE GRISを立ち上げ、子育てしながらフリーのフローリストとして活動開始。レッスンを中心に移動販売車での販売を始める。2010年実店舗を構え、花カフェとしてVERT DE GRISを主宰。2023年現在、株式会社VERT DE GRIS代表として、京都本店 LABO、カフェ PUMP、大阪レッスンルーム BLANTIQUEの3店舗を展開する。2児の母。

Instagram @vertdegris0924
グリ日記　https://nora0924.hatenablog.com/

(Staff)

編集・校正　櫻井純子（audax Ltd.）
デザイン　　三上祥子（Vaa）
撮影　　　　タケダトオル、高見尊裕（p.19-24、64-75、79-84、116-124）

＊本書は『フローリスト』2019年5月号〜2021年4月号の連載「ヴェール・デ・グリの季節の
　ギフトレッスン」から作品を抜粋し、新たに撮影した作品を加えて構成したものです。
＊本書に掲載した作品は、商品として利用することが可能です。

アクセサリーからインテリア雑貨（ざっか）まで

アーティフィシャル&ドライフラワーで作る ハンドメイドの花飾り（はなかざり）

2023 年 6 月 8 日　発　行　　　　　　　　　　　　　　　NDC594

著　　　　者　古川さやか（ふるかわ）
発　行　者　小川雄一
発　行　所　株式会社 誠文堂新光社
　　　　　　〒113-0033 東京都文京区本郷 3-3-11
　　　　　　電話 03-5800-5780
　　　　　　https://www.seibundo-shinkosha.net/
印　刷　所　株式会社 大熊整美堂
製　本　所　和光堂 株式会社